できる®
パソコンで楽しむ
マインクラフト
プログラミング入門

Microsoft MakeCode for Minecraft対応

本書はMinecraft公式製品ではありません。Mojangから承認されておらず、Mojangとは関係ありません。
NOT OFFICIAL MINECRAFT PRODUCT.NOT APPROVED BY OR ASSOCIATED WITH MOJANG

広野忠敏&できるシリーズ編集部

インプレス

ご購入・ご利用の前に必ずお読みください

本書は、2018年3月時点での情報をもとに「Code Connection for Minecraf」「Microsoft MakeCode for Minecraft」「Minecraft for Windows 10」の操作について解説しています。下段に記載の「本書の前提」と異なる環境の場合、または本書発行後に各サービスとアプリの機能や操作方法、画面が変更された場合、本書の掲載内容通りに操作できない可能性があります。本書発行後の情報については、弊社のホームページ（https://book.impress.co.jp/）などで可能な限りお知らせいたしますが、すべての情報の即時掲載ならびに、確実な解決をお約束することはできかねます。本書の運用により生じる、直接的、または間接的な損害について、著者ならびに弊社では一切の責任を負いかねます。あらかじめご理解、ご了承ください。

本書で紹介している内容のご質問につきましては、巻末をご参照の上、お問い合わせフォームかメールにてお問い合わせください。電話やFAXなどでのご質問には対応しておりません。また、本書の発行後に発生した利用手順やサービスの変更に関しては、お答えしかねる場合があることをご了承ください。

練習用ファイルについて

本書で使用する練習用ファイルは、弊社Webサイトからダウンロードできます。
練習用ファイルと書籍を併用することで、より理解が深まります。

▼練習用ファイルのダウンロードページ
https://book.impress.co.jp/books/1117101116

●本書の前提

本書では、「Windows 10」「Code Connection for Minecraft」「Minecraft for Windows 10」がインストールされているパソコンで、インターネットに常時接続されている環境を前提に画面を再現しています。また、「Windows 10」がインストールされているパソコンの環境で画面を再現しています。

本書はMinecraftの公式製品ではありません。Mojangから承認されておらず、Mojangとは関係ありません。
NOT OFFICIAL MINECRAFT PRODUCT. NOT APPROVED BY ASSOCIATED WITH MOJANG

「できる」「できるシリーズ」は、株式会社インプレスの登録商標です。
Microsoft、Windowsは、米国Microsoft Corporationの米国およびそのほかの国における登録商標または商標です。
その他、本書に記載されている会社名、製品名、サービス名は、一般に各開発メーカーおよびサービス提供元の登録商標または商標です。
なお、本文中には™および®マークは明記していません。

Copyright © 2018 Tadatoshi Hirono and Impress Corporation. All rights reserved.
本書の内容はすべて、著作権法によって保護されています。著者および発行者の許可を得ず、転載、複写、複製等の利用はできません。

まえがき

　マインクラフトは世界で1億本以上売れている大人気のゲームソフトです。マインクラフトの世界では、プレイヤーは何をやっても構いません。冒険して世界を広げるのもいいし、建築を楽しんでもいい。モンスターと戦ってスリルを味わうのもいいでしょう。世界を丸ごと作り変えたって構わないのです。このゲームプレイの自由度の高さが、プレイヤーの心をつかんでいます。

　マイクロソフトが公開している「MakeCode for Minecraft」は、そんなマインクラフトの世界でプログラミングを楽しめるアプリケーションです。

　本書では、MakeCode for Minecraftを使って、マインクラフトの世界でプログラミングをする方法を紹介しています。プログラムを使えば、巨大な建造物を一瞬で建てたり、マイニングを自動化したり、農場を作って種をまいたりということができるようになります。また、本書ではプログラムの作り方のほか、完成したプログラムをマインクラフトの世界で役立てる方法も紹介しています。

　プログラミングというと難しいイメージがあるかもしれません。しかし、MakeCode for Minecraftは、ブロックを組み立てるようにしてプログラミングができる、ブロックプログラミングのアプリケーションです。プログラミングの経験がない人でも、本書の手順に従ってブロックを組み合わせるだけで、複雑なプログラムを完成できます。

　本書とマインクラフト、MakeCode for Minecraftを使ってプログラミングの世界に一歩足を踏み入れてみましょう。

　最後になりましたが、本書を執筆するにあたり、数多くの方々にご協力をいただきました。遅々として進まない執筆作業を辛抱強く待っていただいた担当編集の荻上 徹さん、できるシリーズ編集部の皆さん。本書の執筆にご協力いただいたすべての方々に心より感謝いたします。

2018年4月

広野忠敏

この本で作れるプログラム

第2章 丸石で階段を作ろう ▶P.27

[丸石] ブロックで1ブロックずつ高くなる階段を作ります。この章でMakeCodeの基本操作を説明します。

第3章 エージェントに掘削させよう ▶P.45

エージェントに階段状に地下を掘削させます。プレイヤーが通れる高さにして、壁面に[たいまつ]を設置します。

第4章 効率良くマイニングしよう ▶P.63

地下資源を効率良く採掘するプログラムを作ります。第3章の掘削と組み合わせて、マイニングを自動化します。

第5章 ピラミッドを作ろう ▶P.81

ピラミッドを一瞬で作ります。この章では4段のピラミッドを作りますが、高さは自由に変更できます。

この本ではマインクラフトの冒険に役立つ6つのプログラムと、友達とマルチプレイで楽しめる対戦バトルの作り方を紹介します。MakeCodeでプログラミングしながら、マインクラフトの世界を広げる便利なプログラムを作っていきましょう。

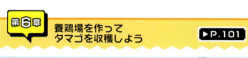

柵で囲んだ養鶏場に、ニワトリを放し飼いにします。エージェントが養鶏場の中を歩き回ってタマゴを回収します。

1辺が9ブロックの正方形の畑で小麦を栽培します。水源作りから種まきまで、エージェントがやってくれます。

マルチプレイ機能を生かして友達と対戦します。プレイヤーが死亡するか、一定の時間が経つと終了します。

> 本書で紹介するプログラムは「MakeCode for Minecraft」で作成し、「Minecraft for Windows 10」で検証しています。「MakeCode for Minecraft」を使えるようにする「CodeConnection for Minecraft」のインストールについては、18ページのレッスン2を参照してください。また、「Minecraft for Windows 10」の入手方法は201ページの付録1で解説しています。

できるシリーズの読み方

本書は、大きな画面で操作の流れを紙面に再現して、丁寧に操作を解説しています。初めての人でも迷わず進められ、操作をしながら必要な知識や操作を学べるように構成されています。レッスンの最初のページで、「解説」と「Before・After」の画面と合わせてレッスン概要を詳しく解説しているので、レッスン内容をひと目で把握できます。

関連レッスン
関連レッスンを紹介しています。関連レッスンを通して読むと、同じテーマを効果的に学べます。

解説
操作の要点やレッスンの概要を解説します。解説を読むだけでレッスンの目的と内容、操作イメージが分かります。

左ページのつめでは、章タイトルでページを探せます。

図解
「Before」(操作前)や「After」(操作後)の画面のほか、レッスンの目的と内容などを紹介しています。レッスンで学ぶ操作や機能の概要がひと目で分かります。

間違った場合は?
手順の画面と違うときには、まずここを見てください。操作を間違った場合の対処法を解説してあるので安心です。

手順

必要な手順を、すべての画面と操作を掲載して解説しています。

手順見出し
「○○を表示する」など、1つの手順ごとに内容の見出しを付けています。番号順に読み進めてください。

操作説明
「○○をクリック」など、それぞれの手順での実際の操作です。番号順に操作してください。

解説
操作の前提や意味、操作結果に関して解説しています。

キーワード

レッスンで覚えておきたい用語の一覧です。巻末にある用語集の該当ページを掲載しているので、意味をすぐに調べられます。

ヒント

レッスンに関連したさまざまな機能や、一歩進んだ使いこなしのテクニックなどを解説しています。

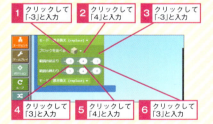

右ページのつめでは、知りたい機能でページを探せます。

テクニック

レッスンの内容を応用した、ワンランク上の使いこなしワザを解説しています。マインクラフトやコマンドに関する理解がさらに深まります。

テクニック
ピラミッドの形をイメージしておこう

マインクラフトでピラミッドを作るときは、底に当たる部分から作り始めるのが一般的です。正方形からスタートして1段上がるごとに1周りずつ小さくなり、最後の段は3×3ブロックの正方形になります。プログラムで作るときは、ピラミッドの最終形をイメージしつつ、ブロックの積み方にどのような規則性があるかを意識しましょう。

上の段にいくにつれてひと周りずつ小さくなる

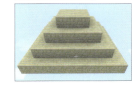

※ここに掲載している紙面はイメージです。実際のレッスンページとは異なります。

練習用ファイルの使い方

本書では、レッスンの操作をすぐに試せる無料の練習用ファイルを用意しています。MakeCodeを起動して、以下の手順で操作してください。

▼ 練習用ファイルのダウンロードページ
https://book.impress.co.jp/books/1117101116

練習用ファイルを利用するレッスンには、練習用ファイルの名前が記載してあります。

MakeCodeを起動しておく

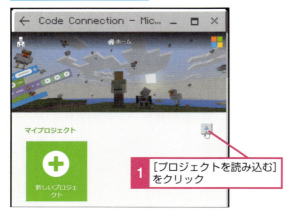

1 [プロジェクトを読み込む]をクリック

[読み込む]ウィンドウが表示された

2 [ファイルを読み込む]をクリック

[ファイル「.mkcd」を開きます]ウィンドウが表示された

3 [ファイルを選択]をクリック

練習用ファイルをダウンロードして展開しておく

練習用ファイルは章ごとにフォルダー分けされている

4 開きたい練習用ファイルをクリック

5 [開く]をクリック

開きたいファイルが選択された

6 [つづける]をクリック

MakeCodeのブロックパレットが表示される

目次

まえがき	3
この本で作れるプログラム	4
本書の読み方	6
練習用ファイルの使い方	8

第1章 MakeCode を始めよう 15

01	マインクラフトとは 〈マインクラフトの概要〉	16
02	Code Connection とは 〈Code Connection のインストール〉	18
03	マインクラフトを設定しよう 〈マインクラフトの初期設定〉	20
04	MakeCode を起動しよう 〈MakeCode の起動〉	22
05	MakeCode の使い方を知ろう 〈画面の名称〉	24
テクニック	プロジェクトを保存するには	26

第2章 丸石で階段を作ろう 27

06	エージェントを自分の位置に呼ぶには 〈MakeCode の基本操作〉	28
テクニック	エージェントの大きさを確認しよう	31
07	エージェントにアイテムを持たせるには 〈アイテムを渡す〉	32
08	エージェントを前に動かすには 〈エージェントを動かす〉	34
09	ブロックを複製するには 〈ブロックの複製〉	36
テクニック	ブロック移動の単位を知ろう	37
10	丸石を下に置かせるには 〈下へ置かせる〉	38
テクニック	水中や空中にもブロックを置ける	39
11	丸石を繰り返し置くには 〈繰り返し処理〉	40

この章のまとめ	42
練習問題	43
解答	44

第3章 エージェントに掘削させよう ········ 45

12	エージェントの位置を設定するには 〈エージェントの位置を決める〉 ········	46
13	エージェントに下を掘らせるには 〈エージェントに前を破壊させる〉 ········	48
14	階段状に掘らせるには 〈階段状に掘削する〉 ········	50
テクニック	プレイヤーが通れる高さを確保しよう ········	51
15	エージェントにたいまつを置かせるには	
	〈1歩ごとにたいまつを設置する〉 ········	52
テクニック	［サバイバル］のゲームモードではアイテムが減る ········	53
16	変数を使うには 〈変数〉 ········	54
17	たいまつを4回に一度設置するには 〈条件分岐〉 ········	56
テクニック	落盤が起こることもある ········	59

この章のまとめ ········ 60
練習問題 ········ 61
解答 ········ 62

第4章 効率良くマイニングしよう ········ 63

18	エージェントがブロックを壊す動きを作るには 〈動きながら壊す〉 ········	64
テクニック	坑道の長さと高さを確認しよう ········	67
19	繰り返し採掘するには 〈二重ループ〉 ········	68

| 20 | 壁面にたいまつを置かせるには 〈条件分岐〉 | 70 |

テクニック ここまでのコードを確認しよう …… 75

| 21 | 掘る長さをコマンドで指定するには 〈パラメーターで値を与える〉 …… 76

この章のまとめ …… 78

練習問題 …… 79

解答 …… 80

第5章 ピラミッドを作ろう …… 81

| 22 | 建物を建てる準備をしよう 〈ブロックを除去する〉 …… 82

テクニック ワールド座標とは …… 84

テクニック 相対座標はプレイヤーからの距離を表す …… 85

テクニック テレポートコマンドを使ってみよう …… 85

| 23 | ピラミッドの1段目を作るには 〈ブロックを並べる〉 …… 86

| 24 | ピラミッドの2段目を作るには 〈ブロックを複製する〉 …… 88

テクニック ピラミッドの形をイメージしておこう …… 89

| 25 | ブロックを積み始める高さを自由に設定するには

〈座標に変数を組み込む〉 …… 90

| 26 | ピラミッドの長さを自由に設定するには 〈変数を負の値に変える〉 …… 92

| 27 | ピラミッドを完成させるには 〈変数を使った繰り返し処理〉 …… 94

テクニック ピラミッドの大きさをコマンドで指定しよう …… 97

この章のまとめ …… 98

練習問題 …… 99

解答 …… 100

第6章 養鶏場を作ってタマゴを収穫しよう ····· 101

28	養鶏場を作るには〈ブロックを並べる〉 ········· 102
29	ニワトリを養鶏場に放すには〈生き物ブロック〉 ········· 106
テクニック	スポーンできる家畜の種類を知ろう ········· 107
30	ニワトリをランダムな場所に出現させるには〈ランダムに座標を選ぶ〉···· 108
31	エージェントの動きを作るには〈条件分岐〉 ········· 110
32	エージェントにランダムな動きを加えるには〈ランダムな数字を選択〉···· 114
33	エージェントにタマゴを回収させるには〈アイテムを回収させる〉 ········· 116
34	エージェントの動きを止めるには〈変数を使って止める〉 ········· 118
テクニック	エージェントの［持ち物］を確認しよう ········· 121

この章のまとめ ········· 122
練習問題 ········· 123
解答 ········· 124

第7章 畑を作って農作物を育てよう ········· 125

35	農地を作るには〈ブロックを並べる〉 ········· 126
36	水源を作るには〈指定したスロットのアイテムを使う〉 ········· 128
37	エージェントの位置を決めるには〈耕す際の初期位置を決める〉 ········· 130
38	耕す動作を作るには〈スロット番号の切り替え〉 ········· 132

| 39 | 関数で動きをまとめるには 〈関数〉 | 134 |

| 40 | コマンドに関数を呼び出すには 〈関数を呼び出す〉 | 140 |

| 41 | 水源の周り1ブロックを畑にするには 〈繰り返し処理〉 | 142 |

| 42 | 水が届く範囲まで畑にするには 〈変数で増やす〉 | 144 |

テクニック プログラムの流れを確認しよう 147

テクニック 種と一緒に肥料もまこう 147

この章のまとめ 148

練習問題 149

解答 150

第8章 友達と対戦バトルを楽しもう 151

| 43 | 発光する床を作るには 〈ブロックを並べる〉 | 152 |

| 44 | 闘技場を作るには 〈文字を描く〉 | 154 |

| 45 | 座標を変数で置き換えるには 〈座標を変数で置き換える〉 | 156 |

| 46 | ブロックの座標を変数にするには 〈ワールド座標でブロックを並べる〉 | 160 |

テクニック チャットコマンドを確認してみよう 163

| 47 | プレイヤーを闘技場にテレポートさせるには 〈現在の位置からテレポートする〉 | 164 |

| 48 | ワールドの天候と時間を指定するには 〈[ゲームプレイ] カテゴリー〉 | 166 |

| 49 | 参加者の装備を変更するには 〈プレイヤーにアイテムを渡す〉 | 168 |

テクニック アイテムは最大2304個受け取れる 171

50	ゲームの設定を関数にするには 〈関数で置き換える〉	172

51	マグマをランダムに発生させるには 〈ブロックをある地点に置く〉	174

テクニック 闘技場の様子を確認しよう 177

52	ゲームオーバーの設定を作るには 〈ゲームオーバーを設定する〉	178

53	ゲームの終了時にマグマを除去するには 〈空気ブロックを並べる〉	182

テクニック ほかのブロックでも設定できる 183

テクニック ゲームの流れを確認しよう 185

54	ゲームモードを変更するには 〈アドベンチャーモード〉	186

テクニック マルチプレイを実行するには 188

55	対戦を可能にするには 〈PvPモード〉	190

56	ゲーム終了時の設定を関数でまとめるには 〈終了時の設定〉	194

テクニック 対戦バトルのルールを確認しよう 197

この章のまとめ 198

練習問題 199

解答 200

付録1	マインクラフトとMakeCodeの疑問に答えるQ&A	203
付録2	コード一覧	205
付録3	アイテム一覧	209
	用語集	213
	索引	217
	本書を読み終えた方へ	222

第1章

MakeCodeを始めよう

マインクラフトは冒険だけではなく、巨大な建造物や世界そのものまで作れる自由度が高いゲームです。この章では「Microsoft Code Connection for Minecraft」をパソコンにインストールして、マインクラフトの世界でプログラミングをする準備をします。

この章の内容

❶マインクラフトとは ……………………………………… 16
❷Code Connection とは ………………………………… 18
❸マインクラフトを設定しよう ………………………… 20
❹MakeCodeを起動しよう ……………………………… 22
❺MakeCodeの使い方を知ろう ………………………… 24

レッスン 1 マインクラフトとは

マインクラフトの概要

資源を採掘しながら生き延びる

マインクラフトはいろいろな遊び方ができるゲームです。ゲームの初期設定となっている［サバイバル］では、ランダムに生成された広大な世界をプレイヤーがたった一人で冒険します。マインクラフトには、異世界の「ジ・エンド」にいるドラゴンを倒すという目的が設定されていますが、ほかのゲームのような明確なストーリーはなく、何をやるかはすべてプレイヤーに委ねられています。プレイヤーは何1つ持たない状態で冒険を始め、安全な拠点を作り、資源を採掘しながら活動できる範囲を広げていきます。

プレイヤーは広大な世界で自給自足を行い、生き延びて活動範囲を広げていく

関連レッスン

| レッスン 54 | ゲームモードを変更するには | P.186 |
| レッスン 55 | 対戦を可能にするには | P.190 |

キーワード

クリエイティブ	P.213
クロスプラットフォーム	P.213
サバイバル	P.214

ヒント クロスプラットフォームとは

異なるハードウェア（プラットフォーム）で同じサービスが展開されているソフトウェアなどをクロスプラットフォームと呼びます。マインクラフトは、パソコンのほかスマートフォンや家庭用ゲーム機などで同じように遊ぶことができ、ほかのプレイヤーと同じワールドを冒険する「マルチプレイ」にも対応しています。

ヒント サバイバルモードは後から追加された

初期のマインクラフト「classic」はゲームモード［クリエイティブ］の要素のみで、ワールドの中でプレイヤーが生活をする［サバイバル］の要素はありませんでした。［サバイバル］はマインクラフトの開発途中に追加され、現在は初期設定のゲームモードとなっています。なお、「classic」は現在はプレイできなくなっています。

自分だけの世界を作れる

マインクラフトには［サバイバル］と並ぶゲームモードとして［クリエイティブ］があります。［クリエイティブ］にはあらかじめすべての資源が無限に用意されており、プレイヤーはそれを自由に使えます。また、プレイヤーは空を飛べる上、一切のダメージを受けない設定となっています。［クリエイティブ］ではさまざまな建造物を作ったり、範囲を広げて世界そのものを構築したりすることもできます。さらに、作成した世界はインターネットなどで配布でき、ほかの人が作った世界を楽しむことも可能です。

クリエイティブモードでは、モンスターが出現してもプレイヤーが死なない

ヒント｜大規模な建築もできる

［クリエイティブ］のゲームモードでは、プレイヤーは足場なしでブロックを積み上げられます。ブロックを数千個、数万個使った巨大な建造物を作ったり、世界そのものを作り上げて公開したりする、熱心な愛好家が多いのが特徴です。

地形を変えるような大規模な建造物も作れる

ヒント｜コスチュームなどを変更できる

プレイヤーの外見やブロックの見ためは自由に変えられます。スタート画面の［ストア］で購入するものもありますが、無料で提供されているものもあり、自分で作ることも可能です。マインクラフトの世界が一変するので、ぜひ試してみましょう。

ユーザーが遊ぶ砂場

マインクラフトには、ほかのゲームのような明確な目的がありません。また、あらかじめ用意されたストーリーに沿ってプレイするゲームでもありません。何をするかはすべてプレイヤーに委ねられており、非常に自由度が高いゲームといえます。このようなゲームを「サンドボックス（砂場）型」と呼びます。マインクラフトは砂遊びのように、プレイヤーが自由な発想で好きなことを楽しめるゲームなのです。

レッスン 2 Code Connection とは

Code Connectionのインストール

マイクラの世界をプログラミング

Code Connection for Minecraft（以下、Code Connection）は、Windows 10版のマインクラフトでプログラムを作ったり実行したりするための環境です。従来のマインクラフトでは、ゲーム内でプログラミングを行うにはMOD（モッド）という特殊なプログラムを使う必要がありましたが、Code Connectionによって簡単にプログラミングができるようになりました。以下の手順を参考に、Windows 10のパソコンにインストールして使いましょう。

Code Connection をインストールするには

1 セットアップのWebページを表示する

① [Microsoft Edge]をクリック

② 下記のURLを入力 ③ Enter キーを押す

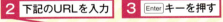

▼Setting up MakeCode for Minecraft
https://minecraft.makecode.com/setup

Setting up MakeCode for Minecraftのページが表示された

関連レッスン

| レッスン 3 | マインクラフトを設定しよう ･･･････ P.20 |
| レッスン 4 | MakeCodeを起動しよう ････････････ P.22 |

キーワード

MakeCode　　　　　　　　　　　P.213

ヒント｜MODとは

MOD（Modification）とはパソコンゲーム用の改造プログラムを指します。インターネットで配布されているマインクラフト用のMODは、ほとんどがマインクラフトのJava Edition用で、Windows 10版では実行できません。Windows 10版でワールドを改造できるプログラムとしては、Mojangから「ADD-ONS」が提供されています。

▼ADD-ONS
https://minecraft.net/ja-jp/addons/

ヒント｜英語のサイトに移動する

Code Connectionのセットアップページは、英語のページのみが用意されています（2018年3月現在）。インストールの画面も英語ですが、このレッスンで紹介する手順通りに操作すれば簡単にインストールできます。

2 Code Connectionをダウンロードする

| 1 | スクロールバーを下にドラッグしてスクロール |
| 2 | [Download Code Connection]をクリック |

インストールの実行ファイルに関する操作が通知バーに表示された

| 3 | [実行]をクリック |

3 Code Connectionをインストールする

| 1 | [Next]をクリック |

[ユーザーアカウント制御]ダイアログボックスが表示された

| 2 | [はい]をクリック |

インストールを完了する

| 3 | [Finish]をクリック |

Microsoft Edgeを終了しておく

ヒント 標準ユーザーではインストールできない

Windows 10にサインインしているユーザーのアカウントが標準ユーザーの場合、アプリのインストールができません。Code Connectionをインストールするときは、必ず管理者権限を持つアカウントでWindowsにサインインしておきましょう。

ヒント デスクトップにショートカットができる

Code Connectionをインストールすると、[スタート]メニューとデスクトップにショートカットが作成されます。Code Connectionはどちらからも起動できるので、場合によって使い分けましょう。

デスクトップのショートカットアイコンからCode Connectionを起動できる

Code Connectionのインストール

できる 19

マインクラフトを設定しよう
マインクラフトの初期設定

プログラミング用のワールドを作る

MakeCodeで作ったプログラムは、マインクラフトのワールドに地形が変わるほどの大きな変更を与えます。プログラムを作る前に、必ず新しいワールドを作りましょう。また、ゲームモードを[サバイバル]ではなく[クリエイティブ]にすることで、プレイヤーの安全を保ったままプログラミングに集中できます。

関連レッスン

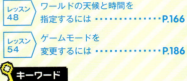

| レッスン48 | ワールドの天候と時間を指定するには | P.166 |
| レッスン54 | ゲームモードを変更するには | P.186 |

キーワード

クリエイティブ	P.213
サバイバル	P.214
チート	P.214
ワールド	P.216

1 新しいワールドを作る

Minecraftを起動する

1 [遊ぶ]をクリック

2 [世界を新しく作成]をクリック

ヒント　新しいワールドで実行しよう

この後の章ではプログラムで建築物を作ったり、地下を採掘したりします。プログラムを実行する場所によっては、ワールドに存在している建築物や地形が変わってしまう可能性があります。新しいワールドを作ってプログラミングし、プログラムの作り方や使い方が分かったら、ほかのワールドでも試してみましょう。

ヒント　安定した環境を作る

ゲームモードが[サバイバル]のままだと、プログラミングの最中にプレイヤーがモンスターに襲われるといった不測の事態が起こります。プログラムが完成するまでは手順2の方法でゲームモードを[クリエイティブ]に設定しましょう。ブロックやアイテムが自由に使えるので、プログラミングがやりやすくなります。

2 クリエイティブモードにする

1 [デフォルトゲームモード]の[▼]をクリック

2 クリックして[クリエイティブ]を選択

実績をオフにするか確認する画面が表示された

3 [続ける]をクリック

3 天候を固定する

1 ここを下にドラッグしてスクロール

2 [常に昼間]をクリックしてオンに設定

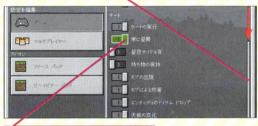

3 [作る]をクリック

ワールドが作成される

ヒント | Xbox Liveの実績とは

Xbox Liveには、ユーザーがどのぐらいゲームをやり込んでいるかを表す「実績」という機能があります。実績はゲーム内である条件を満たすと「解除」され、ユーザーの達成度が分かるようになっています。マインクラフトの場合はゲームモードが[サバイバル]で、[チート]が無効のときに実績が解除されるようになっています。

ヒント | チートとは

チートとはゲームの内容や設定をプレイヤーが自由に変更する行為を表しています。手順2でゲームモードを[クリエイティブ]にすると、[チートの実行]が有効になります。Code Connectionへの接続には「チャットコマンド」が必須なので、必ずチートを有効にしておきましょう。

チャットコマンドでCode Connectionに接続する

3 マインクラフトの初期設定

できる | 21

MakeCodeを起動しよう

MakeCodeの起動

画面を切り替えて使う

マインクラフト、Code Connectionの順に起動してMakeCodeの準備をしましょう。プログラミングをするときはマインクラフトとMakeCodeの画面を交互に切り替えるようにして作業を進めます。ほかのアプリは終了しておきましょう。

関連レッスン

| レッスン3 | マインクラフトを設定しよう……P.20 |
| レッスン5 | MakeCodeの使い方を知ろう……P.24 |

キーワード

MakeCode	P.213
チャットウィンドウ	P.215
チャットコマンド	P.215

1 Code Connectionを起動する

マインクラフトを先に起動しておく

1 [スタート]をクリック
2 [Code Connection]をクリック
3 [Code Connection for Minecraft]をクリック

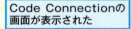
Code Connectionの画面が表示された

4 ここをクリック

コマンドがコピーされる

> **ヒント　マインクラフトを先に起動しておく**
>
> Code Connectionはマインクラフトと、プログラミングに使うエディターである「MakeCode」を接続する役割があります。マインクラフトを先に起動して新しいワールドを作っておき、チャットウィンドウからCode Connectionに接続します。手順1の操作3を実行した後で［Windowsセキュリティの重要な警告］ダイアログボックスが表示されたときは、［プライベートネットワーク］をクリックしてチェックマークを付け、［アクセスを許可する］ボタンをクリックしましょう。

2 チャットウィンドウを表示する

| マインクラフトの画面に切り替えておく | 1 [ゲームを再開]をクリック | 2 Tキーを押す |

ヒント Alt+Tabキーで画面を切り替えよう

Code ConnectionとMakeCodeは、マインクラフトのゲーム画面と別の画面で操作します。プログラミングをするときはMakeCodeとマインクラフトの画面を行き来する必要があるので、Alt+Tabキーを押して画面を切り替えながら作業しましょう。なお、Code Connectionを起動していない場合は、マインクラフトの起動中にAlt+Tabキーを押すとメニュー画面が表示されます。[ゲームを再開]ボタンをクリックしてゲーム画面に戻ってください。

3 サーバーに接続する

| 1 Ctrl+Vキーを押す | コマンドが貼り付けられた | 2 ここをクリック |

チャットウィンドウが閉じる

4 MakeCodeを起動する

| Code Connectionの画面に切り替えておく | 1 [MakeCode]をクリック |

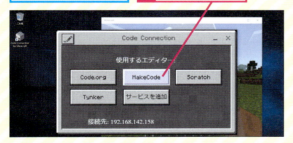

MakeCodeのホーム画面が表示された

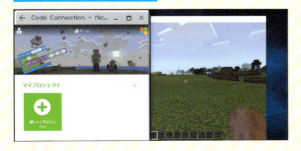

ヒント MakeCode以外のエディターも選べる

Code Connectionの[使用するエディター:]の画面では、MakeCode以外にもCode.orgやTynkerなどのプログラミング用エディターを選択できます。ほかのエディターを選ぶと、手順4の下の画面が変わります。

間違った場合は？

手順2でチャットウィンドウにコマンドを貼り付けても何も起きないときは、マインクラフトのセーブ画面を表示して[世界のオプション]を確認しましょう。[チートの実行]が有効になっていない場合は、クリックして有効にします。それでも接続ができない場合は、Code Connectionを一度終了させ、手順1からやり直しましょう。

4 MakeCodeの起動

できる 23

レッスン 5 MakeCodeの使い方を知ろう

画面の名称

ブロックでプログラミングする

関連レッスン

| レッスン 4 | MakeCodeを起動しよう……P.22 |

キーワード

カテゴリー	P.213
プログラミングエリア	P.215
ブロックパレット	P.216
ブロックプログラミング	P.216

MakeCodeを使うと、種類や役割ごとに色分けされたブロックを使ってプログラミングができます。新しいプロジェクトを作って、画面の中身を確認しておきましょう。なお、プロジェクトは自動的にクラウドに保存されるため、パソコンをインターネットに接続しておきましょう。

1 新しいプロジェクトを作る

1 ［新しいプロジェクト］をクリック

新しいプロジェクトの画面が表示される

ヒント プログラムはクラウドに自動保存される

MakeCodeで作ったプログラムは、クラウド上の「マイプロジェクト」に自動的に保存されるようになっています。作業ファイルを別名で保存したい場合は、26ページのテクニックを参考にプロジェクトを保存しましょう。

ヒント ブロックプログラミングとは

ブロックのようなパーツを組み合わせてプログラミングすることを「ブロックプログラミング」といいます。文字の羅列が並ぶ一般的なプログラミングに比べ、ビジュアル的に理解しやすいことからプログラミングの学習に向いています。ブロックプログラミングの代表的なものには「Scratch」があります。

第1章 MakeCodeを始めよう

24 できる

2 MakeCodeの画面を確認しよう

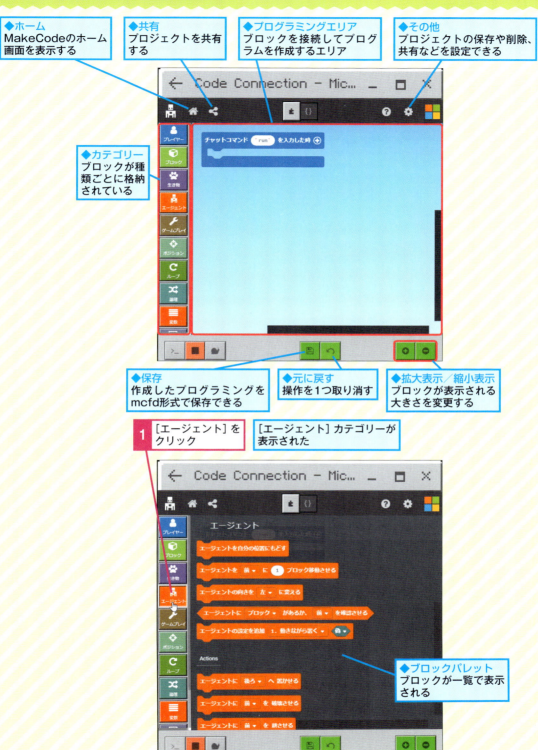

5 画面の名称

できる 25

テクニック

プロジェクトを保存するには

MakeCodeで作成したプログラムは、パソコンのハードディスクに保存できます。[プロジェクトに名前を付けるには]の手順1を参考に、名前を付けて保存しましょう。なおMakeCodeのホーム画面に戻るときにプロジェクトの名前を付けられます。また、プロジェクトが不要になった場合は、手順1の操作2で[プロジェクトを削除する]を選びましょう。

● プロジェクトに名前を付けるには

1 [プロジェクトの設定]の画面を表示する

1 [その他]をクリック
2 [プロジェクトの設定]をクリック

[プロジェクトの設定]の画面が表示された

3 「第1章」と入力　4 [保存]をクリック

2 プロジェクトの名前を確認する

1 ここをクリック

保存したプロジェクトが表示された

クリックでMakeCodeの画面を表示できる

● プロジェクトをパソコンに保存するには

1 実行ファイルを保存する

1 [保存]をクリック

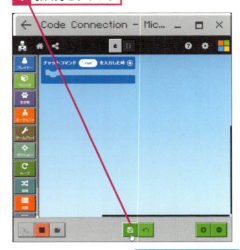

ファイルの保存画面が表示された

ファイル名の先頭に「minecraft-」が自動で追加される

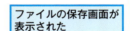

ここでは[ドキュメント]フォルダーに保存する

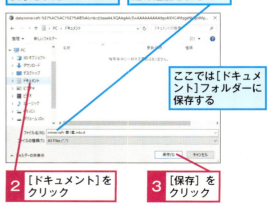

2 [ドキュメント]をクリック　3 [保存]をクリック

第2章

丸石で階段を作ろう

Make Codeのプログラムは、マインクラフトのワールド内で実行できます。この章では、エージェントが丸石を使って階段を作成するプログラムを作りながら、Make Codeの基本操作を説明します。

この章の内容

⑥エージェントを自分の位置に呼ぶには ……… 28
⑦エージェントにアイテムを持たせるには …… 32
⑧エージェントを前に動かすには ……………… 34
⑨ブロックを複製するには ……………………… 36
⑩丸石を下に置かせるには ……………………… 38
⑪丸石を繰り返し置くには ……………………… 40

レッスン 6 エージェントを自分の位置に呼ぶには

MakeCodeの基本操作

エージェントを手元に呼び寄せる

MakeCodeを起動すると、プレイヤーと同じ場所に「エージェント」と呼ばれる特殊なキャラクターが出現します。MakeCodeでは、エージェントをプログラミングして、自分の代わりにさまざまな作業を実行できます。エージェントが自動で登場するのはワールドごとに最初の1回だけなので、エージェントを自分の位置に呼ぶプログラムを作ってみましょう。

レッスンで使う練習用ファイル

このレッスンには、練習用ファイルがありません。

関連レッスン

| レッスン4 | MakeCodeを起動しよう | P.22 |
| レッスン8 | エージェントを前に動かすには | P.34 |

キーワード

MakeCode	P.213
エージェント	P.213
カテゴリー	P.213

Before: MakeCodeを起動すると自動でエージェントが登場するが、2回目以降は登場しない

After: [エージェントを自分の位置にもどす]を実行すると、エージェントが登場する

1 コマンドを設定する

1 ここをクリック

2 「come」と入力

ヒント｜コマンドの入力は半角英数字で

プログラムを実行するときのチャットコマンドには、ひらがなや漢字などの全角文字は使えません。必ず半角英数字で入力しましょう。

第2章 丸石で階段を作ろう

28 できる

2 ブロックを選ぶ

1 [エージェント] カテゴリーを
クリック

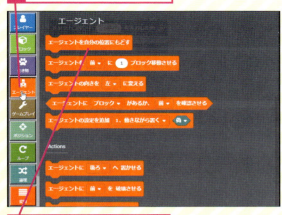

2 [エージェントを自分の位置
にもどす]をクリック

3 ブロックを接続する

1 [エージェントを自分の位置に
もどす]をここにドラッグ

黄色いガイドが表示された

2 マウスの左ボタン
から指を離す　　ブロックが
　　　　　　　　接続された

間違った場合は？

ブロックのカテゴリーを間違えた
ときは、もう一度正しいカテゴリー
を選択してクリックします。ブロッ
クパレットを閉じる場合は、現在
のカテゴリーをクリックします。

ヒント　ブロックを削除するには

プログラミングエリアのブロック
を削除するには、ブロックをカテ
ゴリー一覧の上に移動させます。
カテゴリー一覧の表示がゴミ箱
マークに変わり、マウスポインター
に「X」が表示されたらマウスの
左ボタンから指を離しましょう。

「X」が表示されたら、マウス
の左ボタンから指を離す

ヒント　ブロックの接続を色で確認しよう

プログラミングエリアでブロック
が正しく接続されると、カテゴリー
と同じ濃い色になります。薄い色
や半透明の場合はどこにも接続さ
れておらず、実行されないので注
意しましょう。

次のページに続く

4 コマンドを入力する

1 Tキーを押す / チャットウィンドウが表示された

2 「come」と入力
3 ここをクリック

コマンドが実行され、エージェントが登場した

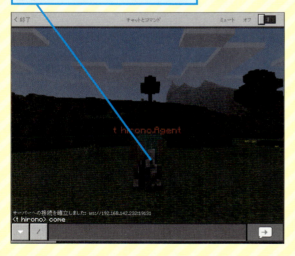

間違った場合は？

チャットでコマンド入力するときは[チャットコマンド[　]を入力した時]ブロックで設定したコマンドを正しく入力しないと、プログラムが実行されません。何も起こらなかったときは、チャットコマンドが正しく入力されたかを確認しましょう。

1文字でも違うと実行されない

ヒント エージェントは自分と同じ位置に登場する

[エージェントを自分の位置にもどす]ブロックを実行すると、エージェントはプレイヤーとまったく同じ位置に登場します。カメラ視点が一人称視点のときは下を向かないとエージェントを確認できません。三人称前方や三人称後方のときは、プレイヤーと重なります。

エージェント全体を表示するには、少し離れる必要がある

5 チャットウィンドウを閉じる

1 [Esc]キーを押す

 ヒント マインクラフトにはさまざまなコマンドがある

マインクラフトにはMakeCodeで作成したコマンドだけではなく、あらかじめたくさんのコマンドが用意されています。MakeCodeを実行していない場合でも、ゲーム設定で［チートの実行］がオンになっていればコマンドを使えます。コマンド一覧の表示方法などは163ページのテクニックを参照してください。

テクニック

エージェントの大きさを確認しよう

プレイヤーの高さが2ブロックであるのに対し、エージェントの高さはマインクラフトのブロックと同じように、1ブロックの高さになっています。このため、エージェントはプレイヤーが入れないすき間にも入れます。横幅、体の厚みも1ブロック分で、穴などにすっぽり収まるサイズになっています。

背の高さはプレイヤーの半分で1ブロック分になっている

体の厚みも1ブロック分で、柵などがあるときはブロックの端に寄る

レッスン 7 エージェントにアイテムを持たせるには

アイテムを渡す

エージェントもアイテムを使える

エージェントはプレイヤーと同様に、アイテムを［持ち物］に入れて所持できます。このレッスンでは、階段の材料となる［丸石］をプレイヤーのアイテムスロットからエージェントに渡します。スロットの位置に注意して、エージェントの準備を整えましょう。

レッスンで使う練習用ファイル
L07.mkcd

関連レッスン

| レッスン 15 | エージェントにたいまつを置かせるには ……… P.52 |
| レッスン 20 | 壁面にたいまつを置かせるには ……… P.70 |

キーワード

クリエイティブ	P.213
ブロック（マインクラフト）	P.216
持ち物	P.216

第2章 丸石で階段を作ろう

Before / After

エージェントにもアイテムを入れるための［持ち物］があり、プレイヤーから持ち物を渡せる

エージェントには全部で27種類のアイテムを持たせることができ、プレイヤーの持ち物と自由に入れ換えられる

1 プレイヤーの持ち物を表示する

1 Escキーを押す

プレイヤーの［持ち物］が表示された

ヒント　資源が無限に使える

ゲームモードが［クリエイティブ］のときは、ブロックやアイテムを無限に使えます。プレイヤーのアイテムスロットに、エージェントに渡したいブロックなどを移動しておきましょう。

32　できる

2 アイテムスロットに移動する

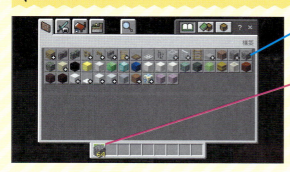

[丸石]をクリックして選択しておく

1 ここをクリック

ヒント | ブロックは種類別に表示できる

クリエイティブモードでは、ブロックやアイテムは[構築][所持品][アイテム][性質]といったタブで種類ごとに表示できます。どのタブにどんなブロックがあるのかを覚えておけば、ブロックを探す手間が省けます。

3 エージェントに渡す

1 エージェントを右クリック

エージェントの[持ち物]が表示された

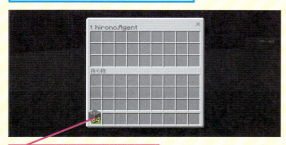

2 [丸石]をクリックして選択

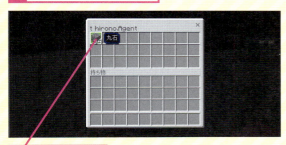

3 ここをクリック

ヒント | エージェントは左上のスロットから使う

エージェントのアイテムスロットには上段の左から1～9、中段の左から10～18、下段の左から19～27の番号が割り当てられています。プログラムで何も指示していないときは、左上のスロット番号1のブロックが使われるようになっています。

ヒント | 画面の外にブロックを出すと削除できる

プレイヤーの[持ち物]にあるブロックやアイテムは削除できます。不要なブロックやアイテムをクリックしてから、[持ち物]の外側をクリックするとフィールド上に捨てられます。

7 アイテムを渡す

レッスン 8 エージェントを前に動かすには

エージェントを動かす

空中を含めた6方向に動ける

エージェントを動かすには［エージェントを移動させる］ブロックを使います。エージェントは前後、左右、上下の6方向に動かせます。このレッスンでは、チャットコマンドに「stair」と入力したときに、エージェントが前に1歩移動するプログラムを作ります。なお、エージェントはゲームモードとは関係なく、空中を自由に動けることを覚えておきましょう。

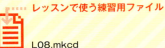

レッスンで使う練習用ファイル
L08.mkcd

関連レッスン

| レッスン 9 | ブロックを複製するには······P.36 |
| レッスン 10 | 丸石を下に置かせるには······P.38 |

キーワード

ゲームモード	P.214
ブロック（MakeCode）	P.216
ブロック（マインクラフト）	P.216

エージェントはプログラミングで命令を与えない限り動かない

プログラミングで前後左右と上下の6方向に動かせる

1 コマンドを与えるブロックを選ぶ

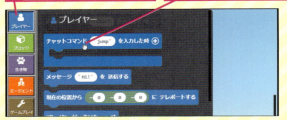

1. ［プレイヤー］カテゴリーをクリック
2. ［チャットコマンド["jump"]を入力した時］をクリック

ヒント｜ロボットコンピューティングとは

ロボットを動作させるプログラミングをロボットコンピューティングと呼びます。エージェントの動きは、ロボットコンピューティングをイメージして作られています。

2 コマンドを入力する

1 ここに設置

2 クリックして「stair」と入力

3 [エージェント]のカテゴリーを表示する

1 [エージェント]カテゴリーをクリック

2 [エージェントを[前]に[1]ブロック移動させる]をクリック

4 ブロックを接続する

1 ドラッグしてここに接続

ヒント｜障害物があると進めない

エージェントが進む方向にブロックがあると、エージェントはそれ以上先へは進めません。ただし、[水]や[溶岩]などプレイヤーが通れるブロックのときは、エージェントも進めます。

ヒント｜プレイヤーから離れると操作できない

エージェントはプレイヤーから64ブロック以上離れると動作が停止します。エージェントを操作する場合は、必ずプレイヤーの近くでプログラムを実行しましょう。

エージェントがプレイヤーから64ブロック以上離れると、「エージェントが範囲外です」と表示される

```
<t hirono> come
<t hirono> come
<t hirono> stair
コマンドを与えられません。エージェントが範囲外です
```

プレイヤーとエージェントを近づけてプログラムを実行する

---

8 エージェントを動かす

できる 35

ブロックを複製するには

ブロックの複製

ブロックを複製して便利に使う

エージェントに階段を作らせるには、前に移動させた後で上に移動させ、丸石を下に置くといった動作を1つずつプログラミングする必要があります。同じような動作をプログラミングする場合は、ブロックを複製して使いましょう。ブロックパレットからブロックを探す手間が省けるので、効率良くプログラミングができます。

レッスンで使う練習用ファイル
L09.mkcd

関連レッスン
| レッスン24 | ピラミッドの2段目を作るには | P.88 |
| レッスン28 | 養鶏場を作るには | P.102 |

キーワード
エージェント	P.213
ブロック（MakeCode）	P.216
ブロックパレット	P.216

第2章 丸石で階段を作ろう

エージェントが前のみに進める状態になっている

ブロックを複製して上への動きを作る

1 エージェントのブロックを複製する

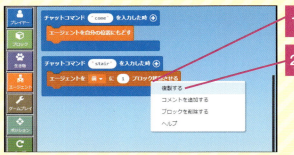

1 ここを右クリック
2 ［複製する］をクリック

ヒント ブロックにコメントを追加しておこう

手順1の操作2で［コメントを追加する］をクリックすると、ブロックにコメントを追加できます。まとまった処理を行うプログラミングを作るときは、処理の内容をコメントに入れておくと後で見返したときに分かりやすくなります。

2 ブロックを接続する

複製したブロックが半透明で表示された

1 複製したブロックをドラッグして接続

ヒント C型のブロックは中身も複製される

チャットコマンドでプログラムを実行するブロックなど、ほかのブロックを囲む形になっているブロックを複製すると、それに含まれているブロックもすべて複製されます。その下に接続されたブロックは複製されないので注意しましょう。

C型のブロックに含まれたブロックも複製される

3 エージェントの動作を設定する

1 ここをクリック　**2 [上]をクリック**

テクニック

ブロック移動の単位を知ろう

一度接続したブロックをクリックすると、接続を解除して移動できます。複数のブロックが接続されているときは、クリックしたブロックの下にあるブロックもつながったまま接続が解除されることを覚えておきましょう。

一番下のブロックは単独ではずれる

下のブロックも一緒にはずれる

ブロックの複製

できる 37

レッスン 10 丸石を下に置かせるには

下へ置かせる

エージェントにアイテムを置かせる

階段を作るために、エージェントに［丸石］ブロックを置かせましょう。［エージェントに［後ろ］へ置かせる］ブロックを使うと、エージェントが持っているブロックをマインクラフトのワールド内に置けます。前のレッスンを実行し、エージェントが空中にいる場合は、チャットコマンド［come］を実行してエージェントを自分の位置に戻してからプログラムを実行しましょう。

レッスンで使う練習用ファイル
L10.mkcd

関連レッスン

| レッスン 15 | エージェントにたいまつを置かせるには | P.52 |
| レッスン 23 | ピラミッドの1段目を作るには | P.86 |

キーワード

カテゴリー	P.213
チャットコマンド	P.215
ブロック（マインクラフト）	P.216

第2章 丸石で階段を作ろう

Before
エージェントは、自分の周囲6方向でブロックのない場所にブロックを置ける

After
移動する動きと組み合わせると、下にもブロックを置ける

1 ［エージェント］のカテゴリーを表示する

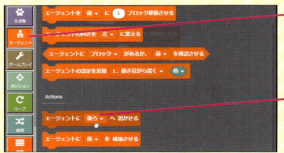

1 ［エージェント］カテゴリーをクリック

2 ［エージェントに［後ろ］へ置かせる］をクリック

ヒント ブロックの置き方はプレイヤーと異なる場合がある

向きがあるブロックをプレイヤーが置くときは、クリックした場所で向きが変わります。例えば階段ブロックは、ほかのブロックの上半分をクリックすると、逆さまに設置できます。エージェントが置く場合は常に正位置で、階段ブロックも逆さまにはなりません。

2 ブロックを接続する

1 ドラッグしてここに接続

ヒント｜ブロックがある場所にはブロックを置けない

ほかのブロックがある場所には、エージェントはブロックを置けません。次の章で紹介する［エージェントに［前］を破壊させる］ブロックを組み合わせると、「ブロックを壊した後に新しいブロックを置く」という動作を作れます。

3 置く場所を設定する

1 ここをクリック

2 ［下］をクリック

テクニック

水中や空中にもブロックを置ける

エージェントはゲームモードにかかわらず空中を移動でき、溶岩や水中でもダメージを受けません。また、空中や水中など、ほかのブロックが接していない位置にもブロックを置けます。ゲームモードが［クリエイティブ］のときはプレイヤーが空中を移動できるので、水面でプログラムを実行することで、水の上にも階段が作れます。

space キーを2回押すと、プレイヤーは空を飛べる

10 下へ置かせる

できる 39

レッスン 11 丸石を繰り返し置くには

繰り返し処理

繰り返し処理で自動化する

ここまでのレッスンで、階段を1段だけ作成するプログラムが完成しました。チャットコマンドを何度も入力すると、階段は1段ずつ高くなります。MakeCodeでは、何度も同じことを実行したいときに、[ループ] カテゴリーのブロックを使って一連の動作を自動的に繰り返せます。プログラムを10回繰り返して、10段の階段を作ってみましょう。

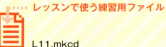
レッスンで使う練習用ファイル
L11.mkcd

関連レッスン

 階段状に掘らせるには ……… P.50
 繰り返し採掘するには ……… P.68

キーワード

繰り返し処理	P.213
チャットコマンド	P.215
ブロック（MakeCode）	P.216

Before

エージェントの動作は1つずつ実行される

After

繰り返し処理で続けて動作を実行できる

1 [ループ] のカテゴリーを表示する

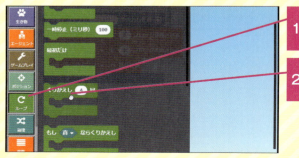

1 [ループ] カテゴリーをクリック

2 [くりかえし [4] 回] をクリック

ヒント｜繰り返し処理とは

繰り返し処理はプログラミングの基本要素の1つで、同じ動作を何度も繰り返したいときに使います。繰り返し処理を使うと同じ動作を何度も実行できるので、プログラム全体を短くかつ分かりやすくできます。

2 ブロックを接続する

1 ドラッグしてここに接続

エージェントの動きが[くりかえし[4]回]に囲まれた

3 繰り返し回数を入力する

1 ここをクリック

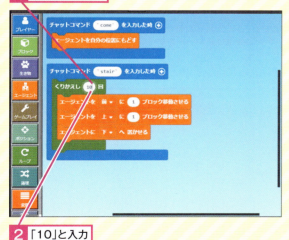

2 「10」と入力

ヒント 接続できないブロックもある

ブロックの上部が凹んでいるブロックはほかのブロックに接続できますが、上部が平らなブロックは接続できません。[ループ]カテゴリーにあるブロックでは、[ずっと]と[最初だけ]がほかのブロックに接続できないので注意しましょう。

間違った場合は？

[くりかえし[4]回]のブロックを接続する場所を間違えると、プログラムが正しく動作しません。手順3のような形にならなかった場合は、一度ブロックを元通りにして、手順2からやり直しましょう。

ヒント 繰り返す回数に制限はない

[くりかえし[4]回]のブロックで指定できる回数には制限がありません。同じことを1万回でも、10万回でも繰り返せます。ただし、エージェントはプレイヤーから64ブロック以上離れると停止してしまいます。また、エージェントはマインクラフトのワールドの制限を超えての移動はできません。

この章のまとめ

エージェントの操作に慣れよう

この章で登場したエージェントは、プレイヤーがプログラミングした通りに働いてくれます。ブロックを置くといった単純作業だけでなく、資源の採掘や建築物の構築、農場の作成などさまざまな作業をプレイヤーに代わって実行してくれます。MakeCodeの使い方を覚えて、エージェントを自由に操作できるようにしましょう。エージェントのプログラミングは現実のロボットプログラミングによく似ています。MakeCodeで覚えたプログラミングが、現実のロボットに応用できるようになるかもしれません。

なお、エージェントで実行するプログラムはワールド内の地形を簡単に変えてしまいます。一度変更したワールドは元に戻せないので、プログラミングを練習するためのワールドを新しく作って少しずつ試しましょう。

クリエイティブモードに設定しよう

資源が無限にあり、体力も減らないゲームモード［クリエイティブ］でエージェントを操作しよう

練習問題

階段の幅をブロック2個分に変更してみましょう。

[エージェントへ [下] に置かせる] ブロックの後にブロックを2つ追加します。

1段のブロックが2個ずつになる

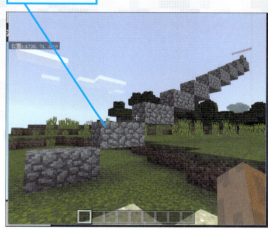

階段をらせん状にしましょう。

[エージェントへ [下] に置かせる] ブロックの後に、エージェントの向きを変えるブロックを1つ追加します。

1段ごとに向きを変える

答えは次のページ

この章のまとめ・練習問題

できる | 43

解 答

A1

1 [エージェントを[前]に[1]ブロック移動させる]をここに接続

階段の幅を増やすには、エージェントが丸石を1個置いた後に、さらに前に動いて丸石を置くようにプログラミングします。

2 [エージェントに[後ろ]に置かせる]ブロックをここに接続

3 ここをクリックして[下]を選択

A2

1 [エージェントの向きを[左]に変える]をここに接続

階段をらせん状にするには、丸石を置き終えたエージェントの向きを変えます。左向きに変えると反時計回りに、右向きに変えると時計回りに回りながら階段を作ります。

第3章

エージェントに 掘削させよう

マインクラフトでは、貴重な資源は地下深くに眠っています。いろいろな資源を探すのがゲームの楽しさの1つですが、プレイヤーが地下深くまで掘り進めるのはとても大変な作業です。この章では、階段状に地下へと掘り進めるプログラムを作ります。

この章の内容

⑫ エージェントの位置を設定するには ………… 46
⑬ エージェントに下を掘らせるには ……………… 48
⑭ 階段状に掘らせるには ……………………………… 50
⑮ エージェントにたいまつを置かせるには …… 52
⑯ 変数を使うには …………………………………………… 54
⑰ たいまつを4回に一度設置するには ………… 56

レッスン 12 エージェントの位置を設定するには
エージェントの位置を決める

エージェントの初期位置を決めよう

エージェントが地下を掘り進めるためには、掘り始める場所まで エージェントを移動させる必要があります。このレッスンでは、 [エージェントを［前］に［1］ブロック移動させる］ブロックと［エー ジェントの向きを［左］に変える］ブロックを使い、プレイヤーが エージェントを好きな位置に移動できるようにします。

レッスンで使う練習用ファイル
このレッスンには、練習用ファイルが ありません。

関連レッスン
| レッスン 13 | エージェントに下を掘らせるには | P.48 |
| レッスン 18 | エージェントがブロックを壊す動きを作るには | P.64 |

キーワード
カテゴリー	P.213
チャットコマンド	P.215
プロジェクト	P.216

Before / After

通常、エージェントを呼ぶとプレイヤーと同じ座標に登場する

コマンドを使って好きな位置にエージェントを移動できる

1 エージェントを自分の位置に戻す

レッスン6を参考に、エージェントを自分の 位置に戻すコマンドを作っておく

ヒント　よく使うコマンドには短い名前を付けよう

チャットコマンドで入力を間違ってしまうとプログラムが動作しないので、あまり長い名前は付けないようにしましょう。エージェントを自分の位置に戻すコマンドは「come」の1文字だけとって「c」などにすると、プログラムを簡単に実行できるようになります。

2 エージェントを動かす

1 レッスン8を参考に［チャットコマンド［"jump"］を入力した時］をここに設置

2 「move」と入力

3 レッスン8を参考に［エージェントを［前］に［1］ブロック移動させる］を接続

3 エージェントの向きを左に変える

1 レッスン8を参考に［チャットコマンド［"jump"］を入力した時］をここに設置

2 「turn」と入力

3 ［エージェント］カテゴリーから［エージェントの向きを［左］に変える］を接続

ヒント エージェントの向きを確認しよう

エージェントが登場したときの向きは、プレイヤーの向きとは違うことがあります。エージェントをプログラミングするときは、必ずエージェントの向きを確認しておきましょう。意図しない方向を向いているときは、このレッスンで作成した「turn」コマンドでエージェントの向きを変えます。

ヒント 別のファイルに保存しよう

エージェントを自分の位置に戻し、好きな位置に移動するプログラムはエージェントを使ってプログラミングする場合に便利です。このレッスンで作成したプログラムを実行ファイルとして保存しておき、［プロジェクトを読み込む］からファイルを読み込んで使うといいでしょう。

ヒント エージェントを上下に動かすには

エージェントにブロックを乗り越えさせたり、低い位置に移動させたいときなどは、エージェントを上下に移動させるコマンドを作っておくと便利です。チャットコマンド「up」に［エージェントを上に1ブロック移動させる］、「down」にエージェントを［エージェントを下に1ブロック移動させる］を作るといいでしょう。

12 エージェントの位置を決める

レッスン 13 エージェントに下を掘らせるには

エージェントに前を破壊させる

エージェントに穴を掘らせる

エージェントに階段状に掘らせるために、まずはエージェントの真下を掘って、掘った位置にエージェントを移動させるプログラムを作ります。プログラミングエリアの［エージェントに［前］を破壊させる］ブロックを使うと、エージェントの前後、左右、上下6方向にあるいずれかのブロックを「1ブロックだけ」壊せます。

レッスンで使う練習用ファイル
L13.mkcd

関連レッスン

| レッスン 14 | 階段状に掘らせるには | P.50 |
| レッスン 18 | エージェントがブロックを壊す動きを作るには | P.64 |

 キーワード

アドベンチャー　　　　　　　P.213
サバイバル　　　　　　　　　P.214
ドロップ　　　　　　　　　　P.215

穴を掘りたい位置にエージェントを移動する

エージェントが真下を掘って下に進む

1 エージェントのコマンドを決定する

1 レッスン8を参考に［チャットコマンド［"jump"］を入力した時］をここに設定

2 「dig」と入力

ヒント　チャットコマンドは分かりやすい名前に

特定の動作を実行するチャットコマンドを作るときは、内容が連想しやすい名前を付けておきましょう。このレッスンでは階段状に掘り進めるため、掘るという意味の英単語「dig」をコマンドの名前にしています。

2 エージェントに下を掘らせる

1 [エージェント]カテゴリーをクリック
2 ここを上にドラッグ

3 [エージェントに[前]を破壊させる]をクリック

4 ドラッグしてここに接続
5 ここをクリック
6 [下]をクリック

3 エージェントを下に移動させる

1 レッスン8を参考に[エージェントを[前]に[1]ブロック移動させる]を接続
2 ここをクリック
3 [下]をクリック

ヒント｜プレイヤーと同じブロックを破壊できる

エージェントはプレイヤーと同じブロックをすべて壊すことができます。さらに、ゲームモードが[サバイバル]のときはプレイヤーが壊せない[岩盤]ブロックも壊せます。なおゲームモードが[アドベンチャー]のときは、プレイヤーと同様にエージェントもブロックの破壊や構築ができません。

ヒント｜エージェントが壊すとアイテムになる

エージェントが壊したブロックは、ゲームモードが[アドベンチャー]のとき以外はアイテムとしてドロップします。ゲームモードが[クリエイティブ]のときはプレイヤーが壊したブロックはアイテムになりませんが、エージェントが壊したブロックはアイテムとしてドロップし、プレイヤーが回収できます。なお、レッスンで表示しているゲーム画面では、結果が見やすいようにドロップしたアイテムを取り除いています。

間違った場合は？

エージェントが掘る方向、移動する方向が両方とも「下」になっていないと、プログラムが正しく動きません。手順3まで操作が終わったら、どちらも「下」を指定しているか確認しましょう。

13 エージェントに前を破壊させる

できる 49

レッスン 14 階段状に掘らせるには

階段状に掘削する

プレイヤーが通れるように作ろう

エージェントが下方向に階段状に掘り進めるようにプログラムを作ります。エージェントとプレイヤーは高さが違うため、プレイヤーが通れるようにエージェントの動作を調整します。プログラミングエリアの［エージェントを［下］に移動させる］ブロックと、［エージェントに［前］を破壊させる］ブロックを上手に組み合わせて、規則正しく掘削できるようにしましょう。

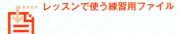

レッスンで使う練習用ファイル
L14.mkcd

関連レッスン

| レッスン 8 | エージェントを前に動かすには | P.34 |
| レッスン 11 | 丸石を繰り返し置くには | P.40 |

キーワード

プログラミングエリア	P.215
ブロック（MakeCode）	P.216
ブロック（マインクラフト）	P.216

Before：エージェントに掘る動作と動く動作を繰り返させる

After：動きを組み合わせて階段状に掘削させる

第3章 エージェントに掘削させよう

1 エージェントに前を掘らせる

1. レッスン13を参考に［エージェントに［前］を破壊させる］を接続
2. レッスン8を参考に［エージェントを［前］に［1］ブロック移動させる］を接続

ヒント：前に掘って前に進む

エージェントは自分自身の前後左右と上下のブロックしか壊せません。階段状に掘り進めるためには、まずエージェントの前を破壊させて、次の動作でそこに移動させましょう。

50 できる

テクニック
プレイヤーが通れる高さを確保しよう

エージェントは高さ1ブロックの空間を通り抜けることができますが、プレイヤーが通るには高さが2ブロックの空間が必要になります。プレイヤーが通れるように階段状に掘る場合は、エージェントに上だけ1ブロック分多く破壊させる必要があります。このレッスンで紹介したプログラミングでは、エージェントの下のブロックを1回、前のブロックを2回破壊させることで水平方向に3ブロック分の空間を作り、プレイヤーが通れるようにしています。

プレイヤーが通るには2ブロック分が必要

2 プレイヤーが通れるスペースを作る

1 レッスン13を参考に[エージェントに[前]を破壊させる]を接続

> **ヒント　地形によっては対応できない**
>
> ワールドの地下には空間や洞窟、地底湖などが存在します。このレッスンで作ったプログラムは、そういった地形には対応できません。掘り進んでいく途中で空洞や水ブロックなどに当たったときは、エージェントを別の場所に移動してからプログラムを実行しましょう。

3 繰り返し掘るようにする

1 レッスン11を参考に[くりかえし[4]回]を接続

2 「10」と入力

14 階段状に掘削する

できる 51

レッスン 15 エージェントにたいまつを置かせるには

1歩ごとにたいまつを設置する

壁にたいまつを設置しよう

エージェントに階段状に掘削させましたが、下の方に行くほど暗くなるためプレイヤーが活動しにくくなります。エージェントに掘るたびに［たいまつ］を設置させて、内部を明るくするプログラムを作りましょう。なお、チャットコマンド［dig］を続けて実行すると、エージェントとの距離がどんどん離れてしまいます。プログラムを作ったら別の場所に移動して、チャットコマンド［come］から実行しましょう。

レッスンで使う練習用ファイル
L15.mkcd

関連レッスン
- レッスン10 丸石を下に置かせるには ……… P.38
- レッスン20 壁面にたいまつを置かせるには ……… P.70

キーワード
サバイバル	P.214
スポーン	P.214
スロット	P.214

エージェントに掘削させよう

階段状に掘り下げていくと、下の方が暗くなる

たいまつを設置すると下の方まで照らされる

1 エージェントにたいまつを渡す

1. レッスン7を参考にエージェントの［持ち物］を表示する
2. ［たいまつ］をここに移動

ヒント たいまつは照明以外にも用途が多い

たいまつは暗い部分を照明するほかにも、モンスターがスポーン（発生）するのを防いだり（湧きつぶし）、作物を育てる光源としても使えます。夜でも見えることと、自然界には存在しないことから目印としてもよく使われます。

2 エージェントに右に置かせる

1 レッスン10を参考に[エージェントに[後ろ]へ置かせる]を接続

2 ここをクリック　**3** [右]をクリック

> **ヒント** たいまつは空中には置けない
>
> レッスン10のテクニックでエージェントが[丸石]を水上に置けることを紹介しましたが、[たいまつ]の場合は水中や空中など透過している空間には置けません。同じ[エージェントに[後ろ]へ置かせる]ブロックを使っていますが、置くものによって設定を変えていることに注意しましょう。

テクニック

[サバイバル]のゲームモードではアイテムが減る

ゲームモードが[サバイバル]の場合は、エージェントが使ったアイテムは使った分だけ減っていきます。このレッスンで紹介したプログラムを実行すると、実行後に[たいまつ]が10本減るので注意しましょう。なお、エージェントのスロットから設置するアイテムがなくなると、ワールドの画面上にエラーメッセージが表示されます。

ゲームモードが[サバイバル]の場合も同じようにプログラムを実行できる

実行後はエージェントの[たいまつ]が10本減っている

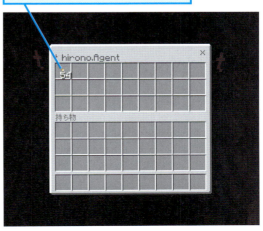

レッスン 16 変数を使うには

変数

データを入れる「箱」が使える

「変数」はデータを入れる箱のようなもので、プログラムに数値を覚えさせたり、計算させたりできます。変数を使うとエージェントの動作などを数えて、その数値をプログラムに反映できます。ここではまず、変数の作り方を説明します。

レッスンで使う練習用ファイル
L16.mkcd

関連レッスン

| レッスン 6 | エージェントを自分の位置に呼ぶには ・・・・・・・・・・・・・・・P.28 |
| レッスン 20 | 壁面にたいまつを置かせるには ・・・・・・・・・・・・・・・P.70 |

キーワード

初期化	P.214
プログラミングエリア	P.215
変数	P.216

1 変数を作る

1 [変数] カテゴリーをクリック
2 [変数を追加する] をクリック

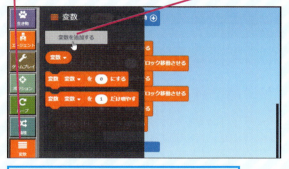

[作成する変数の名前:] ウィンドウが表示された

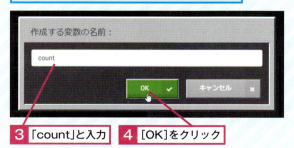

3 「count」と入力
4 [OK] をクリック

変数のブロックができた

ヒント 変数には分かりやすい名前を付ける

チャットコマンドと同様に、変数にも分かりやすい名前を付けましょう。ここではエージェントが掘った階段の段数を数えるために使うので、「count」という名前を付けています。なお、変数には日本語や全角の文字も使えます。

第3章 エージェントに掘削させよう

2 変数を0にする

1 [変数[変数]を[0]にする]を
ここに接続

2 ここをクリック

3 [count]をクリック

3 変数を増やす

1 [変数[変数]を[1]だけ増やす]を
接続

2 ここをクリック

3 [count]をクリック

ヒント 変数は必ず初期化する

変数に入れられた値は、チャットコマンドの実行が終了するとそのまま残ります。このため、チャットコマンドの最初に初期化する必要があります。チャットコマンドから起動するプログラムを作るときは、チャットコマンドを指定したブロックの直後に変数を初期化するブロックを接続しましょう。

ヒント 掘った段数を数えるには

プログラムで動作を実行するたびに、変数に含まれている数値を増やしたり減らしたりすることができます。ここでは一連の動作の一番下に［変数［変数］を［1］だけ増やす］ブロックを追加することで、掘り終わったときに変数が増えるようにしています。

ヒント 変数の名前を変えたいときは

変数の名前を変更するには、プログラミングエリアに［変数］のブロックを設置し、クリックして［変数の名前を変更］をクリックしましょう。変数の名前を変えると、その変数を使っているブロックの表示もすべて変わります。

プログラミングエリアでしか変更できない

レッスン 17 たいまつを4回に一度設置するには

条件分岐

条件に応じて処理が変わる

レッスン16までに作ったプログラムは、エージェントが階段を掘るたびに［たいまつ］を設置します。このままでは［たいまつ］がもったいないので、階段を4段掘るごとに1回［たいまつ］が設置されるようにします。レッスン15で作った「変数」と、このレッスンで説明をする「条件分岐」を使ってプログラミングしましょう。

レッスンで使う練習用ファイル
L17.mkcd

関連レッスン

| レッスン20 | 壁面にたいまつを置かせるには | P.70 |
| レッスン31 | エージェントの動きを作るには | P.110 |

キーワード

条件分岐	P.214
比較演算	P.215
変数	P.216

1段ごとにたいまつを設置させると、大量のたいまつが必要になる　　4段ごとにたいまつを設置させると、たいまつを節約できる

1 ［もし［真］なら］ブロックを選ぶ

ヒント｜条件分岐とは

常に実行されている処理があり、「もし～ならば」（条件）の際に違う処理に分岐する動作を条件分岐と呼びます。手順1で選択する［もし［真］なら］の「真」は条件と一致したことを示しており、条件と一致したときにブロックで囲まれた内容が実行されます。

2 [[0] [=] [0]] のブロックを組み込む

1 [もし[真]なら]を ここに接続

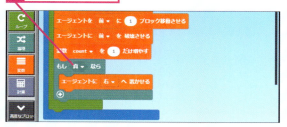

2 [論理]カテゴリーを クリック

3 [[0] [=] [0]]を クリック

4 ここにドラッグ

組み込む側のブロックが 白く光った

5 マウスの左ボタンから 指を離す

[[0] [=] [0]] が 組み込まれた

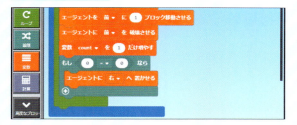

ヒント | ブロックの形が同じ ものを組み込もう

MakeCodeのブロックは種類によって形が異なります。ブロックをほかのブロックに組み込むときは、同じ形のものを選びましょう。ただし、例外として [論理] カテゴリーの [真] ブロックは変数の楕円形のスペースに組み込めます。また、変数のブロックも [もし [真] なら] などの六角形のスペースに組み込めます。

ヒント | 比較演算子の等号は 変更できる

[[0] [=] [0]] ブロックの [=] は比較演算子と呼ばれています。両方の値が同じになる [=] のほか、不等号など5種類の比較演算子が用意されており、ほかのブロックに組み込んだ後でもクリックして変更できます。

クリックしてほかの 比較演算子を選べる

17 条件分岐

次のページに続く

3 変数［count］を組み込む

1 ［変数］カテゴリーをクリック

2 ［count］をクリック

3 ここにドラッグ

組み込む側のブロックが白く光った

［count］ブロックが組み込まれた

4 マウスの左ボタンから指を離す

5 ここをクリック

6 「4」と入力

ヒント ［変数］ブロックの内容を変更できる

［変数］カテゴリーには変数の種類ごとにブロックが並びますが、プログラミングエリアにある変数のブロックをクリックしても種類を変更できます。ブロックを複製するときは、ブロックパレットからブロックをドラッグするよりも、プログラミングエリアで変更した方が素早く変更できます。

クリックして変数の種類を指定できる

4 変数を元に戻す

1 レッスン16を参考に[変数[count]を[0]にする]を接続

> **ヒント** たいまつを置いたら変数を元に戻そう
>
> [count]変数は1段掘るごとに1つずつ増えていきます。[count]が「4」になったときに[たいまつ]を置くようにプログラミングすると、4段目に[たいまつ]が設置されます。そのままプログラムが進むと変数は5、6、7と増えていき、[たいまつ]は設置されません。このため、[たいまつ]を置いた後に[count]変数を初期化して、再び1、2、3と変数が増えて4段目に[たいまつ]が置かれるようにします。この一連の流れは、一定の間隔で何かを実行したいときによく使われるので覚えておきましょう。

17 条件分岐

テクニック

落盤が起こることもある

エージェントが掘り進める途中に[砂]や[砂利]などのブロックがあると、エージェントが掘ったスペースに落ちてきます。エージェントが前に進めず、下方向にだけ掘り進むため大きな段差ができる場合があるので注意しましょう。また、[水]や[溶岩]が噴出した場合、プレイヤーが進むのは困難となります。特殊なブロックにぶつかってしまったときは、エージェントを呼び戻して別の場所から掘削しましょう。

[砂利]ブロックに突き当たったため、エージェントが下に流された

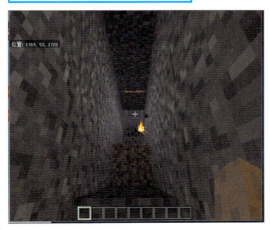

[水]ブロックに突き当たったため、プレイヤーが進むのは困難

できる | 59

この章のまとめ

繰り返し処理と条件分岐を覚えよう

この章で紹介した「繰り返し処理」と「条件分岐」はプログラミングの基本です。この2つをマスターするだけで、どんなに複雑なプログラムでも作れます。MakeCodeでは、プログラミングエリアに並べたブロックの上から下へと順番に実行されますが、繰り返し処理や条件分岐を使うと、同じ動作を好きな回数繰り返したり、条件によって違う処理を実行したりすることができます。

また、この章では「変数」を処理の回数を数えるカウンターとして使いました。レッスン17のプログラムで、エージェントが繰り返し行う処理の回数を変数を使って数え、条件を満たしたときに違う処理を実行させています。このプログラムを応用すれば、エージェントに貴重な資源を探させて、発見したときにだけ採掘を行うといったこともできます。プログラムを作るときは、単純に繰り返せるもの、条件によって動作を変えるものの両方を意識しましょう。

繰り返し処理と条件分岐をチェックしよう

エージェントに繰り返し実行させている処理と、条件によって違う処理をさせている部分を確認しよう

練習問題

エージェントに縦2ブロック、横1ブロックの縦穴を掘らせましょう。10ブロック分掘らせて、1ブロックごとに［はしご］を設置しましょう。

エージェントに［はしご］を渡しておき、下と前を掘らせながら下に移動させます。［はしご］は後ろに置かせます。

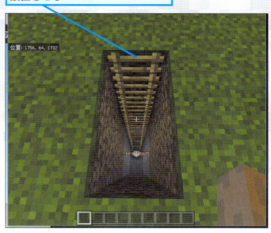

［はしご］はエージェントの後ろに設置させる

答えは次のページ

解 答

新しいチャットコマンドを設定して、エージェントに下を掘らせます。掘った穴に移動するように下に移動して、次に前を掘らせます。さらに後ろにはしごを置かせます。ここまでを1つの動作として、10回繰り返させます。垂直に掘っていく場合は、たいまつがなくても穴の下まで光が届きますが、はしごから離れると落下してしまうので注意してください。

エージェントに［はしご］を渡しておく

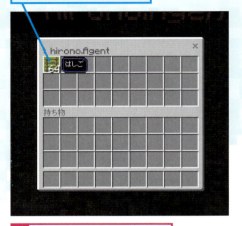

1 レッスン8を参考に［チャットコマンド［"jump"］を入力した時］をここに設置

2 「vdig」と入力

3 レッスン13を参考にエージェントに下を掘らせる

4 レッスン13を参考にエージェントに下に移動させる

5 レッスン15を参考にエージェントに前を掘らせる

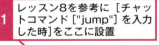

6 レッスン15を参考にエージェントに［はしご］を置かせる

7 レッスン14を参考に10回繰り返す

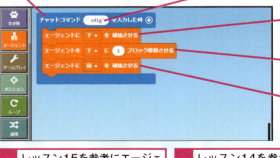

第4章

効率良く
マイニングしよう

第3章では地上から地下へと掘り進めるプログラムを作りました。この
章ではその続きとして、地下を効率良く採掘するためのプログラムを作
ります。繰り返し処理をうまく使って、エージェントに資源を採掘させ
ましょう。

この章の内容

⑱エージェントがブロックを
　壊す動きを作るには‥‥‥‥‥‥‥‥‥‥‥‥ **64**
⑲繰り返し採掘するには‥‥‥‥‥‥‥‥‥‥‥ **68**
⑳壁面にたいまつを置かせるには‥‥‥‥‥‥ **70**
㉑掘る長さをコマンドで指定するには‥‥‥‥ **76**

レッスン 18 エージェントがブロックを壊す動きを作るには

動きながら壊す

エージェントが移動しながら掘る

［エージェントの設定を追加］ブロックを使うと、エージェントにさまざまな能力を追加できます。［動きながら壊す］のブロックを使うと、エージェントが進行方向のブロックを壊しながら移動できるようになります。プログラム全体のブロック数を少なくできるので、使い方を覚えておきましょう。

関連レッスン

レッスン 12　エージェントの位置を設定するには …… P.46
レッスン 14　階段状に掘らせるには …… P.50

キーワード	
サバイバル	P.214
チャットコマンド	P.215
プロジェクト	P.216
ブロック（MakeCode）	P.216
ブロック（マインクラフト）	P.216

第4章　効率良くマイニングしよう

エージェントに地下まで掘削させる

「プレイヤーの身長＋1ブロック分」を移動して掘り進めさせる

1 初期のコマンドを作る

レッスン12を参考に「come」「move」「turn」のチャットコマンドを設定しておく

ヒント　実行ファイルを読み出して別名保存する

エージェントを動かすプログラムを作成しておき、それを開いてから新しいプロジェクトを作ると手間を省けます。プロジェクトは自動的に上書きされるので、作業を進めたら別名で保存しておきましょう。

2 コマンド用のブロックを準備する

1 レッスン8を参考に[チャットコマンド["jump"]を入力した時]をここに設置

2 「mine」と入力

3 [動きながら壊す]ブロックを接続する

1 [エージェント]カテゴリーをクリック

2 [エージェントの設定を追加［1.動きながら置く］[偽]]をクリック

3 ここに接続　　4 ここをクリック

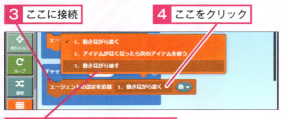

5 [3.動きながら壊す]をクリック

6 ここをクリック

7 [真]をクリック

ヒント 「mine」（採掘）はマインクラフトの基本

マインクラフトはさまざまな遊び方ができます。[サバイバル]のゲームモードを開始した直後だとプレイヤーは何も持っていません。資源や食料を採取したり、道具を自分で作ったりしながら安全を確保する必要があります。地下には資源が豊富に存在しますが、転落や落盤、モンスターとの遭遇など死と隣り合わせでもあります。地下の採掘はマインクラフトの醍醐味といえます。

ヒント 壊せるブロックの種類は変わらない

手順3で設定した[動きながら壊す]は、レッスン13で説明した[エージェントに[前]を破壊させる]ブロックと同じ働きをします。エージェントが壊せるブロックの種類も同様で、ゲームモードが[サバイバル]のときでも[岩盤]ブロックを壊せます。

ヒント ほかのコマンドでブロックが壊れることもある

[エージェントの設定を追加]ブロックはプログラム全体で有効になるため、手順3以降にチャットコード「mine」を実行し、エージェントを動かす「move」を実行すると、エージェントは前にあるブロックを壊して進みます。エージェントの設定を元に戻すには、MakeCodeのプログラム内容を変更するか、手順3を参考に[エージェントの設定を追加[3.動きながら壊す][偽]]のブロックを追加しましょう。

次のページに続く

4 エージェントを上に進める

1 レッスン8を参考に[エージェントを[前]に[1]ブロック移動させる]をここに接続

2 ここをクリック　3 [上]をクリック

4 「2」と入力

5 エージェントを前に進める

1 [エージェントを[前]に[1]ブロック移動させる]をここに接続

 ヒント | 最初に2ブロック上に移動させる

プレイヤーが通りやすいように、エージェントには高さ3ブロックの坑道を作らせます。最初に2ブロック上に移動させて、プレイヤーの頭上1ブロック分までを破壊させます。この状態では、エージェントは空中に浮かんでいます。

空中を移動しながらブロックを壊す

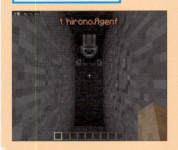

 ヒント | 前には1ブロックのみ進める

エージェントが奥へと掘り進める動きは1ブロックのみとします。1ブロック以上移動させると、プレイヤーが通れるような坑道にはならないので注意しましょう。

第4章　効率良くマイニングしよう

66 できる

6 エージェントを下に進める

1 [エージェントを[前]に[1]ブロック移動させる]をここに接続

2 ここをクリック　3 [下]をクリック

4 「2」と入力

ヒント｜ブロックの順番をチェックしよう

エージェントを下に2ブロック移動すると、エージェントはプレイヤーと同じ高さに戻って1ブロック分の坑道が完成します。なお、エージェントを前に1ブロック進めてから上に2ブロック移動させ、次に下に2ブロック移動させても同じ内容のプログラムとなります。ブロックの順序を変え、チャットコマンド「mine」を実行してみましょう。

テクニック

坑道の長さと高さを確認しよう

エージェントを[丸石]の壁などに対面させてこのプログラムを実行すると、最初の1回は動作のたびにブロックを破壊して進み、次からは前と下に動くときのみブロックを破壊します。エージェントが一度に掘り進める長さは1ブロック分であることを確認しましょう。また、このプログラムでは坑道の高さが3ブロックになるように設定しています。プレイヤーが通る高さは2ブロックあれば足りますが、3ブロックにすることでプレイヤーが上方向を確認しやすくしています。

エージェントはブロックを壊しながら上に2ブロック、前に1ブロック、下に2ブロック進む

上にある資源と安全を確認しながら採掘を進められる

レッスン 19 繰り返し採掘するには

二重ループ

繰り返し処理を二重にする

レッスンで使う練習用ファイル
L19.mkcd

このレッスンではエージェントに坑道を掘り進ませ、4ブロック分繰り返したところでエージェントの向きを変えさせます。この動作をさらに4回繰り返すことで、エージェントが1周して掘り始めた場所に戻るようにします。このように、繰り返しの中にさらに別の繰り返しが含まれる処理は「二重ループ」と呼ばれ、プログラミングではよく使われる方法です。

関連レッスン

| レッスン 13 | エージェントに下を掘らせるには | P.48 |
| レッスン 14 | 階段状に掘らせるには | P.50 |

キーワード

繰り返し処理	P.213
二重ループ	P.215
ブロック（マインクラフト）	P.216

Before
エージェントに続けて採掘させ、向きを変えさせる

After
採掘しながら1周して元の位置に戻るようにする

1 掘る動作を繰り返す

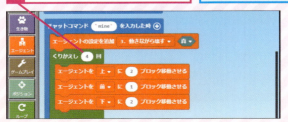

1 レッスン11を参考に［くりかえし［4］回］をここに接続

エージェントを移動させるブロックが組み込まれた

ヒント　適切な処理だけを繰り返す

［くりかえし［4］回］ブロックを使って繰り返し処理を作るときは、どの動作を繰り返すのかを確認しましょう。手順1では1ブロック分を掘る動作を繰り返すので、［エージェントの設定を追加］ブロックが含まれないようにします。

2 エージェントの向きを変える

1 レッスン12を参考に［エージェントの向きを［左］に変える］をここに接続

3 1周して元に戻らせる

1 レッスン11を参考に［くりかえし［4］回］をここにドラッグ

［くりかえし［4］回］が入れ子の状態になった

ヒント｜採掘してから向きを変えよう

手順1で作ったプログラムで、エージェントは4ブロック分の長さの坑道を作ります。向きを変えて1周させるには、4ブロック分掘った後でエージェントの向きを変え、その処理を4回繰り返します。エージェントが作った坑道を上から見ると、1辺の長さが4ブロックの正方形になります。75ページのテクニックを参照してみましょう。

ヒント｜二重ループとは

繰り返し処理をさらに繰り返すための処理が「二重ループ」です。このレッスンでは1ブロック分掘り進める動作を4回繰り返し、向きを変えて再び掘り進める動作を4回繰り返していますが、［くりかえし［4］回］のブロックを使わずに作成するとたくさんのブロックが必要になります。二重ループの処理を行うと、プログラムが分かりやすく単純になります。

19 二重ループ

できる｜69

レッスン 20 壁面にたいまつを置かせるには

条件分岐

一定の間隔でたいまつを設置する

エージェントが掘った坑道は暗くて視界を確保できないので、一定の間隔で［たいまつ］を設置しましょう。レッスン15で壁面に［たいまつ］を設置したのと同じように、変数と条件分岐を使ってプログラミングします。二重ループの構造に気を付けて、効率良く明かりを照らしましょう。

 レッスンで使う練習用ファイル
L20.mkcd

関連レッスン

| レッスン 15 | エージェントにたいまつを置かせるには | P.52 |
| レッスン 16 | 変数を使うには | P.54 |

キーワード

条件分岐	P.214
二重ループ	P.215
変数	P.216

Before

坑道が暗く、見通しが悪い

After

曲がり角ごとにたいまつを置いて明るくできる

第4章 効率良くマイニングしよう

1 変数を作る

レッスン16を参考に［作成する変数の名前：］ウィンドウを表示しておく

1 「mcount」と入力

2 ［OK］をクリック

ヒント 変数の名前は同じでもいい

MakeCodeの変数はプロジェクトごとに管理されているため、異なるプロジェクトであれば同じ名前の変数を使っても問題はありません。ここでは採掘（mine）しながら［たいまつ］を置く距離を数えるため［mcount］という名前にしています。

70 できる

2 変数を使う準備をする

レッスン15を参考にして、エージェントに
[たいまつ]を渡しておく

1 レッスン16を参考に[変数 [変数] を
[0]にする]を接続

2 ここをクリック

3 [mcount]をクリック

3 変数を増やす

1 レッスン16を参考に[変数 [変数] を
[1]だけ増やす]を接続

2 ここをクリック

3 [mcount]をクリック

ヒント 変数を初期化する位置に注意しよう

ここではエージェントが向きを変えるときに[たいまつ]を置くため、掘り進める動作の直前で変数を初期化し、向きを変える前の採掘で条件分岐が起こるようにします。外側の[くりかえし[4]回]ブロックの上に[変数 [変数] を [0] にする]ブロックを接続すると、一連の動作で最初の1回しか変数が初期化されず、[たいまつ]が最初の角にしか設置されないので注意しましょう。

間違った場合は？

[変数 [変数] を [0] にする]ブロックを使う際に、プルダウンメニューで正しい変数を選択し忘れることがあります。そのままではプログラムが動かないので、必ず正しい変数を指定しましょう。

ヒント 変数と条件分岐の関係を覚えておこう

変数は条件分岐とセットにして使うことが多く、変数で回数を数えたり、計算したりした結果で処理を変化させます。このとき重要になるのが、変数の内容を変える処理と条件分岐の位置関係です。このレッスンでは[たいまつ]を置く間隔を変数で数えて、回数が4回になったときに[たいまつ]を設置します。エージェントがどの動作を行ったときに変数を増やし、どのタイミングで[たいまつ]を設置するかをあらかじめ決めておきましょう。

次のページに続く

4 条件分岐のブロックを接続する

1 レッスン17を参考に[もし[真]なら]を接続する

ヒント　条件分岐を発生させる位置に合わせる

手順4で[もし[真]なら]ブロックを接続するときは、位置をよく確認しましょう。ここでは変数を増やした直後に条件分岐の処理をするので、[変数[mcount]を[1]だけ増やす]ブロックのすぐ下に接続します。もし違う場所に接続してしまったときは、[元に戻す]ボタンをクリックしてもう一度やり直しましょう。

5 ブロックの順序を入れ替える

1 [エージェントを[前]に[1]ブロック移動させる]をクリック

下のブロックも選択された

2 ここにドラッグ

黄色いガイドが表示された

3 マウスの左ボタンから指を離す

ヒント　C型のブロックは途中に接続できない

[もし[真]なら]や[くりかえし[4]回]などのC型になっているブロックは、ブロックが連続しているところに接続すると、接続した位置から下にあるブロックが内側に入ってしまいます。C型のブロックを連続した処理の途中に配置したいときは、手順5のように内側に入ってしまったブロックを移動し直す必要があります。

6 条件を作成する

1. レッスン17を参考に [[0] [=] [0]] を組み込む

2. レッスン17を参考に [mcount] を組み込む

3. 「4」と入力

ヒント [たいまつ]は天井近くに設置される

手順6で作成したプログラムを実行すると、[たいまつ]は天井近くに設置されます。[たいまつ]をプレイヤーと同じ高さに設置したいときは、[エージェントを[上]に[2]ブロック移動させる]ブロックの[2]を[1]に変更し、[もし[真]なら]ブロックの下にも[エージェントを[上]に[1]ブロック移動させる]ブロックを追加します。

通常はプレイヤーの1ブロック頭上にたいまつを設置する

ヒント [たいまつ]が照らせる距離とは

[たいまつ]の明かりは14ブロック先まで届きます。ただし、7ブロック離れるとかなり暗くなり、モンスターなどがスポーンします。また、プレイヤーの視界も悪くなります。周囲を常に明るく保ちたいときは、4〜5ブロックごとに[たいまつ]を置くといいでしょう。

暗い部分からはモンスターが発生する

次のページに続く

20 条件分岐

7 たいまつを右に設置する

1 レッスン10を参考に[エージェントに[後ろ]へ置かせる]を接続

2 ここをクリック　3 [右]をクリック

8 変数をリセットする

1 [変数[変数]を[0]にする]を接続

2 ここをクリック　3 [mcount]をクリック

間違った場合は?

[たいまつ]は固体ブロックの側面、または上面にしか設置できないため、手順7で[後ろ][前][上]を選ぶと下に落ちてしまいます。[下]にも置けますが、採掘の際に誤って破壊する可能性が高くなります。[右]か[左]を選びましょう。

ヒント　落盤でトンネルの形が変わる

地下の地形やブロックによっては、坑道の形が変わってしまうことがあります。[砂]や[砂利]のブロックはすき間があると落下するので、レッスン17のテクニックで紹介したように落盤が起こる場合があります。また、水や溶岩が噴出することもあります。ゲームモードが[サバイバル]のときはプレイヤーも危険にさらされるので、[丸石]や[水バケツ]ブロックを忘れずに持っていきましょう。

[砂利]ブロックが崩れてトンネルの形が変わった

テクニック

ここまでのコードを確認しよう

プログラミングするときは、ある程度まとまった動作ができたらプログラムを実行して、意図通りに動くか確認しておきましょう。こまめに確認しながら作っていくと、意図しない動作が出た場合でも早い段階で間違いを発見できます。ここまでのコードを実行すると、下のような形でエージェントが採掘をします。［たいまつ］の位置やエージェントの向きなど、細かい部分もチェックしておきましょう。トライ＆エラーはプログラミングの基本です。これを積み重ねることで大きなプログラムも作れるようになるので、覚えておきましょう。

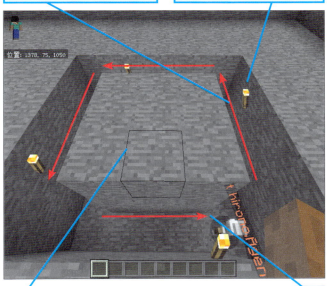

エージェントは、4ブロック分掘り進めてから向きを変える

エージェントが向きを変えるときにたいまつを設置する

トンネルに囲まれた部分は高さ3ブロック、幅3ブロックの柱になる

4回向きを変えて1周し、元の場所に戻る

レッスン 21 掘る長さをコマンドで指定するには

パラメーターで値を与える

パラメーターで値を設定できる

[チャットコマンド ["jump"] を入力した時] のブロックには、パラメーターと呼ばれる特殊な変数を指定できます。パラメーターを追加すると、チャットコマンドの後に続けて数字や文字などを入力し、その値によってプログラムの動作を変更できます。このレッスンでは [mine] の後に数値を入力すると、エージェントがまっすぐ掘り進める坑道の長さを指定できるようにします。

レッスンで使う練習用ファイル
L21.mkcd

関連レッスン
| レッスン 12 | エージェントの位置を設定するには | P.46 |
| レッスン 27 | ピラミッドを完成させるには | P.94 |

キーワード
チャットコマンド	P.215
パラメーター	P.215
変数	P.216

第4章 効率良くマイニングしよう

Before：エージェントを好きな位置に移動させておく

After：2ブロック進んだら向きを変えるように設定する

1 変数を追加する

①ここをクリック

②パラメーターが表示された

ヒント 変数カテゴリーに自動で追加される

[チャットコマンド ["jump"] を入力した時] のブロックにパラメーターを追加すると、[変数] カテゴリーに [num1] [num2] といった名前の変数が自動的に追加されます。この変数をブロック内で参照すると、どんなパラメーターでコマンドを入力したのかが分かります。

76 できる

2 掘る長さを設定する

1 [変数] カテゴリーを
クリック

2 [num1] を
クリック

3 ここに組み込む

---

3 たいまつを置く場所を設定する

1 [num1] を
組み込む

チャットコマンドで「mine 2」と入力すると
2ブロック進んで向きを変える

ヒント | 削除する前に複製しよう

パラメーター用の変数を右クリックして削除すると、パラメーターを使ったC型ブロックに接続しているブロックもすべて削除されます。パラメーターの設定を削除したいときは、新しいチャットコマンドのブロックを作り、接続しているブロックをすべて移行してから削除しましょう。

21

パラメーターで値を与える

ヒント | エージェントの移動に使うと便利

レッスン12で作った [move] や [turn] のチャットコマンドのブロックにパラメーターを追加すると、エージェントを移動させる距離などを数値で指定できるようになります。例えば [チャットコマンド [move] を入力した時] ブロックにチャットコマンドを設定し、「move 10」と入力すると、エージェントを前に10ブロック動かせます。

エージェントを移動させる
長さを指定できる

できる | **77**

この章のまとめ

効率良くマイニングしよう

第3章で紹介した「掘削」のプログラムと、この章の「採掘」のプログラムを組み合わせると資源の収集が非常にはかどります。まず掘削のプログラムで貴重な資源が埋まっている深さまで掘り下げ、次に採掘のプログラムで水平方向に掘り進めます。ゲームモードが［サバイバル］のときはエージェントの［たいまつ］の残量に気を付けて、縦横無尽に掘り進めましょう。

採掘のプログラムを使うときは、掘る方向や長さ、掘り始める場所などを変更するとさらに効率がアップします。坑道がはしご状になるように掘ったり、放射状に広がるように掘ったりして、自分に合った採掘方法を見つけましょう。大規模な採掘になるので、ベッドやチェストはもちろん、場合によっては畑や牧場なども地下に作って食料の自給を行うといいでしょう。

掘る長さを調整しよう
3ブロックずつ掘るとアイテムを見落とさずに採掘できる

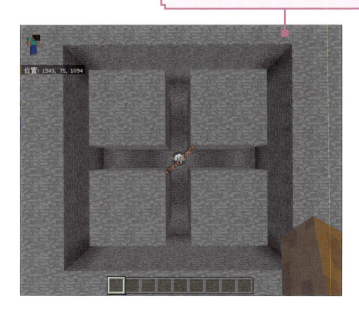

1回のコマンドで右のように採掘できるようにしましょう。

エージェントが1周した後に、同じ距離だけ前に移動させます。移動した場所から同じ動きを繰り返させます。

ここからスタート

答えは次のページ

解答

A1

エージェントが採掘しながら1周した後に、[エージェントを［前］に［1］ブロック移動させる]ブロックを使って前に進めます。一度に採掘する長さと採掘後に移動する長さを同じ変数にして、エージェントに次の採掘ポイントまで進ませましょう。全体を2回繰り返すと、前ページで紹介している形に採掘できます。

1 [エージェントを[前]に[1]ブロック移動させる]をここに接続

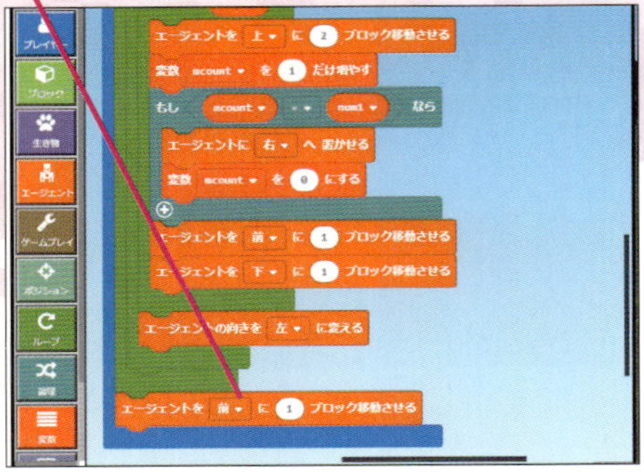

2 [num1]を組み込む

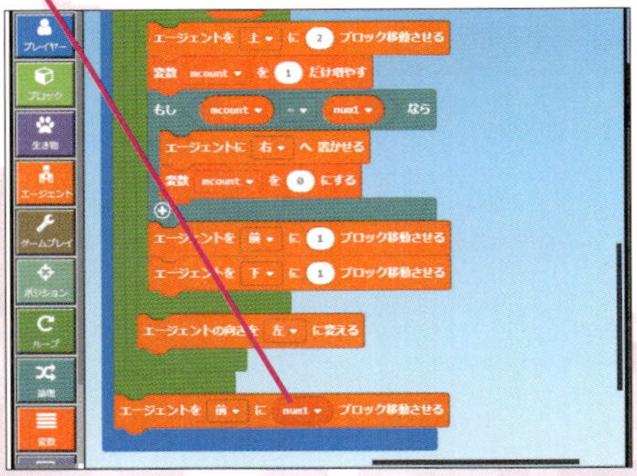

3 [くりかえし[4]回]をここに接続

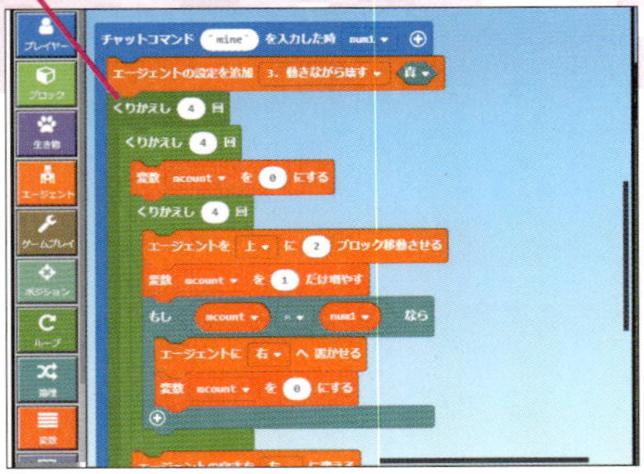

4 「2」と入力

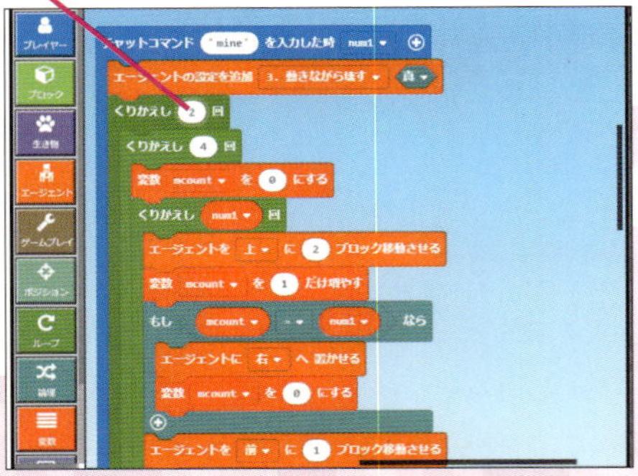

5 チャットコマンドで「mine 2」と入力

第5章

ピラミッドを作ろう

MakeCodeを使うと、手作業で作ると何時間もかかるような巨大な建造物を一瞬で作れます。この章ではピラミッドを作りながら、座標を使ったプログラミングを学びます。

この章の内容

22 建物を建てる準備をしよう……………………… 82
23 ピラミッドの1段目を作るには………………… 86
24 ピラミッドの2段目を作るには………………… 88
25 ブロックを積み始める高さを
　　自由に設定するには……………………………… 90
26 ピラミッドの長さを自由に設定するには…… 92
27 ピラミッドを完成させるには………………… 94

レッスン 22 建物を建てる準備をしよう

ブロックを除去する

地面をフラットにする

関連レッスン

レッスン28 養鶏場を作るには ……… P.102
レッスン35 農地を作るには ……… P.126

キーワード

相対座標 P.214
ドロップ P.215
ワールド座標 P.216

ピラミッドを作る前に、地面を整地して平らにし、木など上空のブロックを消去しましょう。このレッスンでは、[ブロックを並べる] ブロックを使って、プレイヤーを中心に縦9ブロック、横9ブロック分の地面を平らにします。また、上空9ブロックの領域にあるものを除去します。

地面に段差があると作業効率が悪い

プレイヤーの周りを平らにならす

1 コマンドを設定する

1 ここをクリック 2 「flat」と入力

ヒント エージェントを使わない方法もある

大規模な建築をするときは、エージェントにブロックを並べさせるのではなく、[ブロック] カテゴリーの [ブロックを並べる] ブロックを使うと便利です。また、本書では説明していませんが [ビルダー] カテゴリーにも大規模な建築をするのに便利なブロックが格納されています。

2 [ブロックを並べる]ブロックを選ぶ

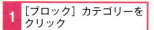

1 [ブロック]カテゴリーをクリック
2 [ブロックを並べる]をクリック

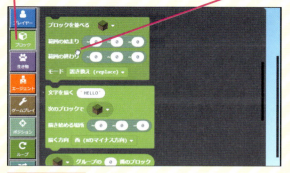

3 ここに接続

3 ブロックの種類を選ぶ

1 ここをクリック

2 [空気]をクリック

間違った場合は？

[ブロックを並べる]ブロックは、すぐ下にある[文字を描く[HELLO]]ブロックと形がよく似ています。クリックするときに間違えないようにしましょう。なお、[文字を描く[HELLO]]ブロックは、第8章で使い方を紹介します。

ヒント [置き換え]はアイテムを回収できない

[ブロックを並べる]ブロックで[置き換え（replace）]を指定すると、どんなブロックでも指定したブロックに置き換えられます。このとき、もともとあったブロックはアイテムとしてドロップしません。アイテムとしてドロップさせたいときは[破壊]を指定しましょう。

ヒント 空間にしたいときは[空気]ブロックを並べる

[ブロックを並べる]ブロックを使って何もない空間を作りたいときは、[空気]ブロックを使います。このブロックは文字通りブロックを空気に置き換えるため、置いた後には何も残りません。

---

22 ブロックを除去する

次のページに続く

4 開始する座標を指定する

1 クリックして「-5」と入力
2 クリックして「-5」と入力

ヒント プレイヤーの座標について理解しよう

マインクラフトはプレイヤーが画面の中を3Dで動くため、プレイヤーの位置を表す座標にx、y、zの3軸が利用されています。座標にはマインクラフトの世界でどこにいるかを表すワールド座標と、プレイヤーからの距離を表す相対座標の2つがあります。それぞれ、次のテクニックを参照してください。

5 終了する座標を指定する

1 クリックして「5」と入力
2 クリックして「9」と入力
3 クリックして「5」と入力

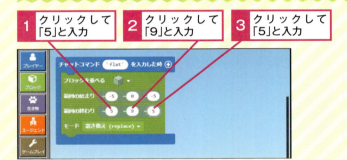

テクニック

ワールド座標とは

マインクラフトのワールドの中でどこにいるかを表す座標をワールド座標といいます。MakeCodeを起動するとワールド画面の左上に［位置：］として3つの数字が表示されます。最初の数字がプレイヤーの東西の座標（x）を、次の数字が高さ（y）を、3つ目の数字が南北の座標（z）を表しています。画面に［位置：40、65、120］と表示されている場合、プレイヤーが真東に1ブロック移動すると「40」の表示が「41」に変わります。

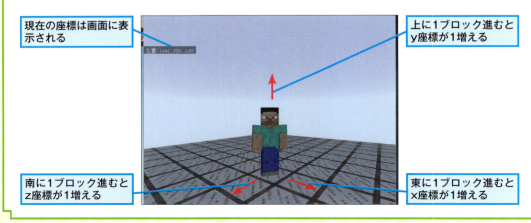

- 現在の座標は画面に表示される
- 上に1ブロック進むとy座標が1増える
- 南に1ブロック進むとz座標が1増える
- 東に1ブロック進むとx座標が1増える

第5章 ピラミッドを作ろう

テクニック

相対座標はプレイヤーからの距離を表す

相対座標はプレイヤーの位置を起点に、どのぐらい離れているかを示します。絶対座標と同様に東西がx、高さがy、南北がzであり、「~5~0~-5」のように表されます。数値の増減はワールド座標と同じ法則で、xが正の値のときはプレイヤーから見て東方向、負の値のときは西方向を示します。この座標はプレイヤーの向きとは関係がないことを覚えておきましょう。

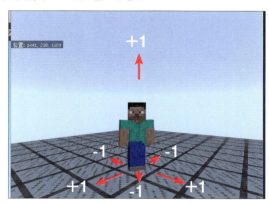

プレイヤーの位置を基準にして何ブロック進むかを数値で表す

テクニック

テレポートコマンドを使ってみよう

マインクラフトのテレポートコマンドを使うと、相対座標の考え方を簡単に理解できます。下記の手順を参考に、現在の地点から上空にテレポートしてみましょう。なお、横方向にテレポートすると、ほかのブロックに生き埋めになる場合があります。十分に高いところまで移動してからテレポートしましょう。

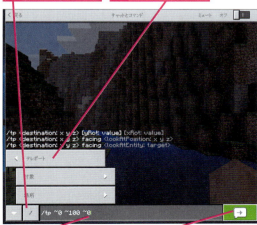

1 チャット画面でここをクリック
2 [テレポート]をクリック
3 「~0 ~100 ~0」と入力
4 ここをクリック

100ブロック上空にテレポートした

レッスン 23 ピラミッドの1段目を作るには

ブロックを並べる

頭上にブロックを並べる

レッスン22で作成したさら地に、ピラミッドの1段目を作ります。ピラミッドはプレイヤーの座標を中心点として、頭上にブロックを積み上げていきます。したがって、座標がずれてしまうとピラミッドの形がいびつになってしまいます。足元のブロックを変更して目印にしたり、座標の数値を控えるなどして、毎回同じ座標でプログラムを実行してください。

レッスンで使う練習用ファイル
L23.mkcd

関連レッスン
| レッスン22 | 建物を建てる準備をしよう | P.82 |
| レッスン28 | 養鶏場を作るには | P.102 |

キーワード
座標	P.214
ブロック（MakeCode）	P.216
ブロック（マインクラフト）	P.216

第5章 ピラミッドを作ろう

Before
ピラミッドを積み上げる位置に移動しておく

After
頭上にピラミッドの1段目が出来上がる

1 コマンドを設定する

1 レッスン8を参考に［チャットコマンド［"jump"］を入力した時］を設置しておく

2 クリックして「pyramid」と入力

ヒント｜レッスンごとの結果を確認するには

この章以降で作るプログラムでは、プレイヤーが移動しないとピラミッドの全体像を確認できません。プログラムの結果を確認したら、実行場所に正確に戻るか、ピラミッドから十分に離れて、レッスン22で説明したさら地にするプログラムから実行しましょう。

86 できる

2 ブロックを選ぶ

1 ここをクリック

2 「砂岩」をクリック

3 並べる範囲を指定する

1 クリックして「-4」と入力
2 クリックして「3」と入力
3 クリックして「-4」と入力

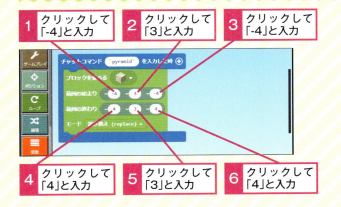

4 クリックして「4」と入力
5 クリックして「3」と入力
6 クリックして「4」と入力

ヒント キーワードからブロックを探せる

指定したいブロックが見つからないときは、キーワードで検索してみましょう。検索ボックスにブロックの名前の一部を入力すると、その名前が含まれるブロックが表示されます。ただし、あいまい検索や読みがなでの検索には対応していません。MakeCodeでの表記は、208ページの付録3を参照してください。

同じキーワードを含むブロックも表示される

ヒント プレイヤーの前後左右にブロックが並ぶ

[ブロックを並べる]ブロックは、プレイヤーの周囲の指定した範囲にブロックを並べます。手順3ではプレイヤーの東側に4ブロック、西側に4ブロックといった形ですべての方向に4ブロックずつ並べるため、プレイヤーを中心に1辺が9ブロックの正方形ができます。

---

23 ブロックを並べる

レッスン 24 ピラミッドの2段目を作るには

ブロックを複製する

数値を1ずつ変更して2段目を作る

このレッスンではピラミッドの2段目を作ります。ピラミッドの1段目よりも前後左右が1ブロックずつ少なくなり、高さは1ブロック分増えます。出来上がった正方形は1辺の長さが2ブロックずつ少なくなることを覚えておきましょう。ピラミッドの形については、次ページのテクニックも参考にしてください。

レッスンで使う練習用ファイル
L24.mkcd

関連レッスン

| レッスン 25 | ブロックを積み始める高さを自由に設定するには | P.90 |
| レッスン 26 | ピラミッドの長さを自由に設定するには | P.92 |

 キーワード

座標	P.214
チャットコマンド	P.215
ブロック（マインクラフト）	P.216

プレイヤーの位置を変えると、1段目を確認できる

2段目は1辺の長さが2ブロック減り、1ブロック分高くなる

1 ブロックを複製する

 間違った場合は？

チャットコマンドのブロックごと複製するなど操作を間違えた場合は、[元に戻す]ボタンをクリックして操作を取り消しましょう。

2 ブロックを接続する

ブロックが複製された

1 ドラッグしてここに接続

3 2段目の座標を指定する

1 クリックして「-3」と入力
2 クリックして「4」と入力
3 クリックして「-3」と入力

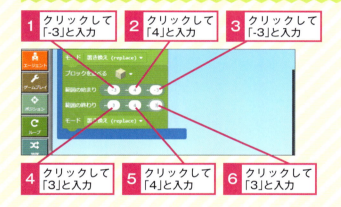

4 クリックして「3」と入力
5 クリックして「4」と入力
6 クリックして「3」と入力

ヒント｜コードの実行中は効果が分からない

この章で作るピラミッドはプレイヤーの頭上に積み上がるので、プレイヤーがいる位置からは実行結果を確認できません。プログラムを実行するたびにプレイヤーを移動するなどして全体像を確認し、プログラムが正しく実行できているかを確認しましょう。

プレイヤーから見えるのは一番下の段だけなので、実行結果が分からない

24 ブロックを複製する

テクニック

ピラミッドの形をイメージしておこう

マインクラフトでピラミッドを作るときは、底に当たる部分から作り始めるのが一般的です。正方形からスタートして1段上がるごとに1周りずつ小さくなり、最後の段は3×3ブロックの正方形になります。プログラムで作るときは、ピラミッドの最終形をイメージしつつ、ブロックの積み方にどのような規則性があるかを意識しましょう。

上の段にいくにつれてひと周りずつ小さくなる

ブロックを積み始める高さを自由に設定するには

座標に変数を組み込む

変数に数値を指定する

前のレッスンではピラミッドが1段増えたとき、ブロックを並べる範囲や並べ始める高さがどのように変化するかをチェックしました。1段ごとに［ブロックを並べる］ブロックを使ってプログラミングするのは手間がかかるので、変数を使った繰り返し処理に置き換えましょう。このレッスンではまず、ブロックを積み始める高さを変数にします。

 レッスンで使う練習用ファイル

L25.mkcd

関連レッスン

| レッスン26 | ピラミッドの長さを自由に設定するには | P.92 |
| レッスン27 | ピラミッドを完成させるには | P.94 |

キーワード

繰り返し処理	P.213
座標	P.214
変数	P.216

1 2段目用のブロックを削除する

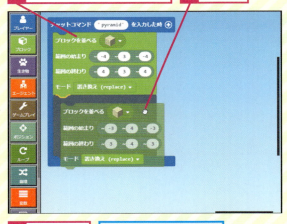

1 ［ブロックを並べる］にマウスポインターを合わせる
2 ここまでドラッグ

下のブロックがはずれた

間違った場合は？

間違って必要なブロックを削除してしまったときは、［元に戻す］ボタンをクリックして復元します。［ブロックを並べる］ブロックが残っているときは、レッスン23を参考に座標の数値を入力し直しても構いません。

3 画面の端にドラッグ

レッスン24で追加したブロックが削除される

2 変数を追加する

レッスン16を参考に、[作成する変数の名前:]ウィンドウを表示しておく

1 「ブロックの高さ」と入力
2 [OK]をクリック

3 レッスン16を参考に[変数 [変数] を [0]にする]をここに接続
4 ここをクリック

5 [ブロックの高さ]をクリック

6 「3」と入力

ヒント｜変数の名前は簡潔にしておく

変数に名前を付けるときは、どのような目的で使っているのかが分かることが重要です。ただし、MakeCodeのようなブロックプログラミングの場合、長い名前の変数があるとブロックも長くなり、コード全体が見づらくなることがあります。変数の名前は長くても10文字程度にしておきましょう。

ヒント｜ブロックを積み始める高さを設定する

手順2で作る変数[ブロックの高さ]には、ブロックを積み始める高さ（y座標）を設定します。ピラミッドの1段目はプレイヤーの頭上から作るため、1段目の変数に初期値として「3」を設定します。この後のレッスンで、ブロックを積み上げるごとに変数を1ずつ増やして、1ブロックずつ積み上げるようにします。

3 数値を変数に置き換える

1 [変数]カテゴリーをクリック
2 [ブロックの高さ]をクリック

3 ここに組み込む
4 同様の手順でここに組み込む

ピラミッドの長さを自由に設定するには

変数を負の値に変える

計算ブロックで負の値を作る

ブロックを置き始める高さが決まったら、ピラミッドの1段分の長さを変数に置き換えましょう。ピラミッドの長さは［ブロックを並べる］ブロックの［範囲の始まり］と［範囲の終わり］で設定できますが、相対座標を使うため負の値を入力する必要があります。［計算］カテゴリーのブロックを使う方法を見ていきましょう。

レッスンで使う練習用ファイル
L26.mkcd

関連レッスン

| レッスン24 | ピラミッドの2段目を作るには | P.88 |
| レッスン27 | ピラミッドを完成させるには | P.94 |

キーワード

相対座標	P.214
比較演算	P.215
変数	P.216

1 変数を追加する

レッスン16を参考に、［作成する変数の名前:］ウィンドウを表示しておく

1 「ピラミッドの長さ」と入力
2 ［OK］をクリック
3 ［変数［変数］を［0］にする］をここに接続
4 ここをクリック
5 ［ピラミッドの長さ］をクリック
6 「4」と入力

 ヒント なぜ座標を変数に置き換えるの？

ピラミッドは高くなるにしたがって、1段を構成する正方形の大きさが小さくなります。プログラム上では、レッスン24で見たように［ブロックを並べる］ブロックで指定する範囲が1ブロックずつ減少します。ブロックを並べる座標の数値を変数にして、1段積むごとに1ずつ減らすことでピラミッドの形を作っていきます。

2 計算ブロックを選ぶ

1 [計算] カテゴリーをクリック
2 [[0] [-] [0]] をクリック

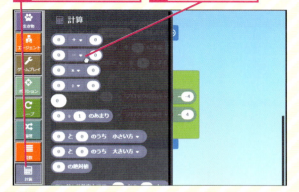

3 マイナスの値を指定する

1 ここに組み込む

2 [ピラミッドの長さ]をここに組み込む

3 同様の手順で[[0] [-] [ピラミッドの長さ]]を組み込む

4 プラスの値を指定する

1 [ピラミッドの長さ]をここに組み込む

ヒント 算術記号は後から変更できる

手順2で選んだ[計算]カテゴリーのブロックの「+」「-」などの算術記号は、ブロックを組み込んだ後でも変更できます。ちなみに[^]は「べき乗」を表しています。

クリックしてほかの算術記号を選べる

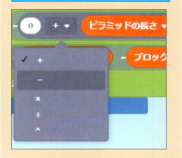

ヒント 比較演算との違いに注意しよう

レッスン17で紹介した[論理]カテゴリーの[[0] [=] [0]]ブロックはデータを比較するときに使い、その条件を満たすかどうかで処理が変わります。一方、手順2で選んだ[[0] [+] [0]]ブロックは算術演算をした結果を求めるときに使います。見ためは似ていますが、使い方が違うので注意しましょう。

26 変数を負の値に変える

ピラミッドを完成させるには

変数を使った繰り返し処理

繰り返し処理でピラミッドを作れる

レッスン26までで、ブロックを並べる範囲を変数に置き換えられました。このレッスンでは繰り返し処理を使って、ブロックが積まれる範囲を減らしながら、1段ずつ高く積み上げられるように設定します。ピラミッドの一番上の段は3×3ブロックになることが決まっており、下の段に行くほどブロックが増えます。つまり、1段目に並べるブロックが多いほど頂上も高くなります。

レッスンで使う練習用ファイル
L27.mkcd

関連レッスン

| レッスン17 | たいまつを4回に一度設置するには | P.56 |
| レッスン26 | ピラミッドの長さを自由に設定するには | P.92 |

キーワード

繰り返し処理	P.213
座標	P.214
変数	P.216

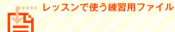

Before / After

規則的にブロックを積まないと正確なピラミッドにはならない / 変数を使った繰り返し処理で頂上まで自動的に作成できる

1 変数を追加する

レッスン16を参考に、[作成する変数の名前:]ウィンドウを表示しておく

1 「ピラミッドの高さ」と入力
2 [OK]をクリック

ヒント: 繰り返し回数を決めるための変数を作る

変数[ピラミッドの高さ]は繰り返しの回数を決めるために使います。このプログラムではちょうど、プレイヤーからピラミッドの端までの距離とピラミッドの高さが同じブロック数になりますが、1つの変数で表すと繰り返しの処理が正しく動作しません。

2 変数の値を指定する

1 [変数[変数]を[0]にする]をここに接続
2 ここをクリック
3 [ピラミッドの高さ]をクリック
4 [ピラミッドの長さ]をここに組み込む

3 繰り返し処理を設定する

1 レッスン11を参考に[くりかえし[4]回]をここに接続
2 [ピラミッドの高さ]をここに組み込む

間違った場合は？

この章で作るプログラムは複数の変数が使われているので、間違いがないようによく確認しましょう。もし途中で分からなくなったり、プログラムが動作しなくなったりしたときは、練習用ファイルを使ってやり直しましょう。

ヒント｜繰り返し処理の中で同じ変数を使わない

手順3で[くりかえし[4]回]ブロックに変数[ピラミッドの高さ]を組み込んでいますが、接続している[ブロックを並べる]ブロックには変数[ピラミッドの高さ]ブロックが使われていないことに注意してください。繰り返し処理の回数を変数で指定する場合は、繰り返し処理の中で変数の値を変更するとプログラムが正しく動作しません。変数の種類をよく確認して操作しましょう。

27 変数を使った繰り返し処理

次のページに続く

4 ブロックの高さを変数で指定する

1 レッスン16を参考に[変数[変数]を[1]だけ増やす]をここに接続

2 ここをクリック

3 [ブロックの高さ]をクリック

5 ピラミッドの高さを変数で指定する

1 [変数[変数]を[1]だけ増やす]をここに接続

2 ここをクリック

3 [ピラミッドの長さ]をクリック

4 「-1」と入力

ヒント 連動する数値としない数値に注意しよう

変数［ピラミッドの高さ］と［ピラミッドの長さ］は連動するため、1段積み上がるごとに1ブロックずつ減ります。一方、変数［ブロックの高さ］はこの2つの変数とは連動せず、プレイヤーの頭上からスタートして1段積み上がるごとに高さが1ブロックずつ増えていきます。それぞれの変化を把握して、変数を増減しましょう。

間違った場合は？

手順5まで実行すると、底辺の長さが9ブロック、高さが4段のピラミッドが出来上がります。プログラムが動作しなかったり、途中で止まってしまったりする場合は、変数の種類や繰り返し処理の内容、座標の数値などを1つずつチェックして修正しましょう。

第5章 ピラミッドを作ろう

96 できる

テクニック

ピラミッドの大きさをコマンドで指定しよう

レッスン21と同様に、チャットコマンドのパラメーターを追加してピラミッドの高さを変更できます。［チャットコマンド ["pyramid"] を入力した時］ブロックの［＋］マークをクリックして変数を追加しましょう。チャットコマンドで「pyramid 10」と入力すると高さが10段のピラミッドを作れます。ただし、大きな値を指定すると地形が変わるほどのピラミッドになるので注意しましょう。

1 ここをクリック

3 チャットコマンドで「pyramid 10」と入力

10段のピラミッドができた

変数[num1]が作成された

2 [num1]をここに組み込む

この章のまとめ

建築物を作って冒険に役立てよう

似たような処理を繰り返すのは、プログラムが最も得意とする作業の1つです。この章のプログラムでは、ピラミッドの段が1ブロック上がるごとに、ひと周り小さい正方形を繰り返し積み上げました。この動作を応用すると、巨大な高層ビルの構造を一瞬で組み立てることもできます。ビルの場合、同じ面積の正方形を一定の間隔で積み上げていけば、それだけで各階のフロアを作れます。練習問題の「石の塔」や「豆腐ハウス」も作って、拠点作りに役立てましょう。

なお、プログラムで大きな建造物を作ると、もともとあったブロックはなくなってしまいます。大規模なプログラムを実行するときは、意図した動作がきちんと行われるかどうかを別のワールドなどで試してから使いましょう。

拠点の目印に使える

ピラミッドを住居や倉庫など拠点の目印に使おう。ピラミッドの底が暗くなるので、忘れずにたいまつを設置しよう

練習問題

Q1

チャットコマンド「tower」を入力したとき、高さ20ブロックの石の塔が作られるようにしましょう。

> **ヒント**
> ［ブロックを並べる］ブロックを使って［石］ブロックを積み上げます。3つの座標のうち、高さの座標のみ変更します。

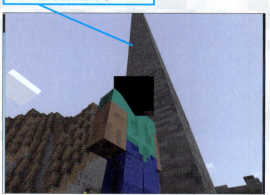

プレイヤーと同じ座標に［石］ブロックを積み上げる

Q2

チャットコマンド「tofu」を入力したとき、縦、横がそれぞれ7ブロック、高さが5ブロックの「豆腐ハウス」が［石］ブロックで作成されるようにしましょう。プレイヤーの周りにブロックを並べ、最後はプレイヤーを操作して出入口を作りましょう。

> **ヒント**
> ［ブロックを並べる］ブロックを使って［石］ブロックをプレイヤーの周りに並べます。内側に［空気］ブロックを並べて、最後にプレイヤーが壁を壊して外に出ます。

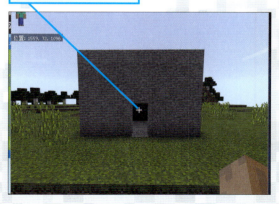

出入り口はプレイヤーが中から開ける

答えは次のページ

解　答

1 [チャットコマンド["jump"]を入力した時]を設置
2 [tower]と入力
3 [ブロックを並べる]を接続
4 ここをクリックして[石]を選択
5 「20」と入力

[ブロックを並べる]ブロックを使ってプレイヤーのいる場所に塔を作ります。ブロックが1つだけの場合はプレイヤーが生き埋めになることはないので、高さは「0」から始めて大丈夫です。完成した塔はランドマークにしたり、たいまつを設置して灯台にしたりするといいでしょう。

1 [チャットコマンド["jump"]を入力した時]を設置
2 [ブロックを並べる]を接続
3 ここをクリックして[石]を選択
4 「3」「4」「3」と入力
5 「-3」「-1」「-3」と入力
6 [ブロックを並べる]を接続
7 ここをクリックして[空気]を選択
8 「2」「3」「2」と入力
9 「-2」「0」「-2」と入力

プレイヤーの周りに［石］ブロックを並べて、すぐに［空気］ブロックで取り除くようにします。［石］ブロックを並べた座標をすべて1ずつ減らして［空気］ブロックを並べるので、［ブロックを並べる］を複製すると効率良く作業できます。コマンドを実行し終わったら、通常の操作でプレイヤーが壁を壊して外に出ます。

第6章

養鶏場を作って
タマゴを収穫しよう

この章では柵で囲んだ地面にニワトリを放し飼いにして、エージェント
にタマゴを回収させるプログラムを作ります。回収したタマゴはお菓子
作りに使ったり、新しいニワトリを生み出すために使ったりしましょう。

この章の内容

28 養鶏場を作るには ……………………………… 102
29 ニワトリを養鶏場に放すには ………………… 106
30 ニワトリをランダムな場所に
　出現させるには …………………………………… 108
31 エージェントの動きを作るには ……………… 110
32 エージェントにランダムな動きを
　加えるには ………………………………………… 114
33 エージェントにタマゴを回収させるには …… 116
34 エージェントの動きを止めるには …………… 118

レッスン 28 養鶏場を作るには

ブロックを並べる

プレイヤーの周りに養鶏場を作る

関連レッスン
- レッスン 22　建物を建てる準備をしよう …… P.82
- レッスン 35　農地を作るには …… P.126

キーワード
サバイバル	P.214
座標	P.214
スポーン	P.214
ブロック（マインクラフト）	P.216

このレッスンではニワトリを飼う養鶏場を作ります。第5章のピラミッドと同じように［ブロックを並べる］ブロックを使い、［草ブロック］で地面を作ります。さらに、ニワトリが逃げないように養鶏場の周囲を柵で囲みます。［ブロックを並べる］ブロックは全部で3回使います。それぞれの座標に注意しましょう。

第6章　養鶏場を作ってタマゴを収穫しよう

Before

プレイヤーの位置を基点にするため、養鶏場にしたい場所にプレイヤー自身が移動する

After

［草ブロック］を並べた後、ニワトリが逃げないように柵を周囲に設置する

1 コマンドを設定する

1 ここをクリック　2 「base」と入力

ヒント　2組のチャットコマンドを作る

この章では、プレイヤーが養鶏場を作ってニワトリを放し、エージェントがタマゴを回収するという2組のプログラムを作ります。まずはプレイヤーのチャットコマンドで養鶏場ができるようにプログラミングします。

2 草ブロックを敷き詰める

1 レッスン22を参考に［ブロックを並べる］を接続

2 「-5」「-1」「-5」と入力

3 「5」「-1」「5」と入力

3 柵を設置する準備をする

1 ここを右クリック　**2** ［複製する］をクリック

3 ここに接続

ヒント｜1ブロック分の厚さにする

このレッスンで作る養鶏場では、ニワトリが産んだタマゴをエージェントが回収します。［草ブロック］が1ブロック分の厚さで並んでいればニワトリを育てるには十分なので、［ブロックを並べる］ブロックのy座標に同じ数値を入力します。手順2では「-1」に設定して、プレイヤーの足元に養鶏場ができるようにします。

間違った場合は？

座標の数値を間違えて入力すると、養鶏場の形がいびつになります。手順2で入力する数値をよく確かめて、正方形の養鶏場ができるようにしましょう。

ヒント｜柵を並べる準備をする

柵を並べる動作も［ブロックを並べる］ブロックを使います。柵は［草ブロック］と高さ以外は同じ座標に並べるので、手順2で作ったブロックを複製して使うと手間が省けます。

---

28 ブロックを並べる

次のページに続く

できる｜103

4 柵ブロックを並べる

1 ここをクリック

2 ［樫の木の柵］をクリック

3 クリックして「0」と入力

ヒント どの柵を使ってもいい

手順4で選べる棚には［樫の木］や［トウヒの木］など、さまざまな種類がありますが、色が違うだけで機能は代わりません。好きな色の柵を使いましょう。

ヒント 周囲を囲む柵は一度には作れない

［ブロックを並べる］ブロックを使うと一度に大量のブロックを並べられますが、範囲を細かく設定できません。このため、まずは養鶏場の全面に柵を並べて、次に［空気］ブロックを使って不要な柵を除去します。なお、柵が並ぶ高さはプレイヤーの足と同じですが、ブロックが重なってもプレイヤーはダメージを受けないため、ゲームモードが［サバイバル］のときにも実行できます。

手順3までのプログラミングを実行すると、草ブロックの全面に柵が並ぶ

第6章 養鶏場を作ってタマゴを収穫しよう

5 ブロックを複製する

1 ここを右クリック
2 [複製する]をクリック

3 ドラッグしてここに接続

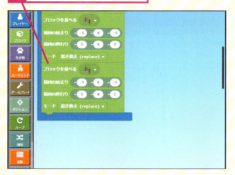

6 空気ブロックを並べる

1 レッスン22を参考に[空気]を選択
2 「-4」「0」「-4」と入力
3 「4」「0」「4」と入力

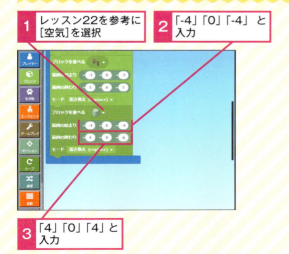

ヒント　外側の1ブロックだけ柵を残す

養鶏場の全面に並んだ柵ブロックのうち、外側の1ブロック分を残して[空気]ブロックに置き換えます。[ブロックを並べる]ブロックを複製してx軸、y軸の座標を1つずつ減らすと、効率良くプログラミングできます。

ヒント　養鶏場は空中にも作れる

この章で紹介する養鶏場は空中にも作れます。土地が狭く地上に作るのが難しい場合は、空中や海上でコマンドを実行してみましょう。第2章で紹介した階段のコマンドを使って足場を作り、地上から離れたところに養鶏場を作るのもお薦めです。

動物やモンスターは侵入できないが、スポーンするので注意

28 ブロックを並べる

ニワトリを養鶏場に放すには

生き物ブロック

ニワトリをスポーンさせる

野生のニワトリを養鶏場に連れてくるのは大変なので、[[動物] [~[0] ~[0] ~[0]] に出現させる] ブロックでニワトリを発生させます。ニワトリが逃げないように、必ず養鶏場を完成させてからニワトリを出現させましょう。

レッスンで使う練習用ファイル
L29.mkcd

関連レッスン
レッスン30　ニワトリをランダムな場所に出現させるには ………… P.108

キーワード
スポーンエッグ　　P.214
ドロップ　　　　　P.215
難易度　　　　　　P.215

第6章　養鶏場を作ってタマゴを収穫しよう

野生のニワトリを養鶏場に誘導するのは効率が悪い　　ブロックを使ってニワトリを誕生させられる

1 スポーンさせるブロックを選ぶ

1　[生き物] カテゴリーをクリック
2　[[動物] [~[0] ~[0] ~[0]] に出現させる]をクリック

 ヒント　スポーンエッグとは

[[動物] [~[0] ~[0] ~[0]] に出現させる] ブロックを使うとあらゆる動物をその場に出現させられます。また、[動物] の部分を [モンスター] に変えるとモンスターを出現させられます。ただし、ゲームの難易度が [ピース] の場合、モンスターは出現しません。

2 ブロックを接続する

1 ドラッグしてここに接続

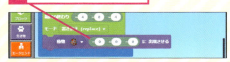

> **ヒント** タマゴからニワトリを出すよりも効率がいい
>
> プレイヤーが地面にタマゴをぶつけると、1～3羽のニワトリが生まれる場合があります。ただしニワトリが生まれる確率は非常に低いため、手順1で紹介したブロックを使うことをお薦めします。

3 スポーンエッグの種類を確認する

1 ここをクリック

2 現在選んでいるタマゴのアイコンにマウスポインターを合わせる

ニワトリのスポーンエッグであることが確認できた

テクニック

スポーンできる家畜の種類を知ろう

[[動物] [~ [0] ~ [0] ~ [0]] に出現させる] ブロックを使うと、「牛」「ブタ」といった家畜や、「村人」「ヤマネコ」「オオカミ」などプレイヤーに敵対しない動物を出現させられます。ただし、オオカミはウサギや羊を、ヤマネコはニワトリを襲うため、家畜のそばに出現させない方がいいでしょう。マインクラフトのゲームに役立つ家畜は、以下の6種類です。

●牛

倒すと革、肉をアイテムとしてドロップする。また、バケツがあれば解毒作用をもつ牛乳を採取できる。マインクラフトのワールドでは群れを作ることが多い。

●ブタ

倒すと肉をアイテムとしてドロップする。ニンジン付きの棒とサドルがあれば乗ることができる。雷に打たれると「ゾンビピッグマン」というモンスターになるので注意。

●ヒツジ

倒すと肉または羊毛をアイテムとしてドロップする。羊毛はハサミを使って採取できる。各種の染料で体の色を変えると、採取できる羊毛の色も変化する。

●ウマ

背中に何度か乗って手なずけると、サドルを着けて操れるようになる。地上の移動手段に最適。速度やジャンプ力に個体差があるが、交配させて能力が高いウマも作れる。

●ロバ

ウマと同じようにサドルを着けて操れる。また、チェストを着けて15種類の荷物を運べる。マインクラフトのワールドの中ではウマよりも出現率が低い。

●ラバ

ウマとロバを交配させて作る。ロバと同様にチェストで荷物を運べる。繁殖の成功率が非常に低く、ラバ同士の繁殖もできないため非常に珍しい家畜。

レッスン 30 ニワトリをランダムな場所に出現させるには

ランダムに座標を選ぶ

いろいろな場所に出現させる

[くりかえし［4］回］ブロックを使って、10羽のニワトリを養鶏場に出現させましょう。同じ場所に出現できる個体数には上限があるので、養鶏場のランダムな場所で出現させます。［次の座標Aと座標Bの範囲の中から、ランダムに座標を選ぶ］ブロックの使い方を覚えましょう。

レッスンで使う練習用ファイル
L30.mkcd

関連レッスン
| レッスン22 | 建物を建てる準備をしよう | P.82 |
| レッスン51 | マグマをランダムに発生させるには | P.174 |

キーワード
相対座標	P.214
ランダム	P.216
ワールド座標	P.216

第6章 養鶏場を作ってタマゴを収穫しよう

Before — タマゴを効率良く収穫したい

After — ランダムな場所に繰り返し処理でスポーンさせ、ニワトリを自動で増やす

1 ランダムな座標のブロックを選ぶ

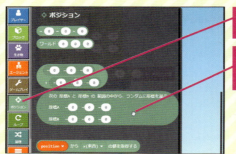

1. ［ポジション］カテゴリーをクリック
2. ［次の座標Aと座標Bの中から、ランダムに座標を選ぶ］をクリック

ヒント 出現する位置はランダムで選ばれる

手順1で選んだブロックを使うと、指定した範囲から1個所がランダムで選ばれます。座標は相対座標になっているので、このまま使うとプレイヤーを中心とした範囲で座標を指定できます。

2 スポーン用のブロックに組み込む

1 ［次の座標Aと座標Bの中から、ランダムに座標を選ぶ］をここにドラッグ

白いガイドが表示された

2 マウスの左ボタンから指を離す　　ブロックが組み込まれた

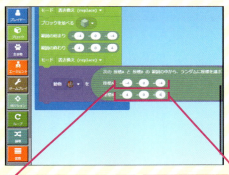

3「-4」「0」「-4」と入力　　**4**「4」「0」「4」と入力

3 10回繰り返す

1 ［くりかえし［4］回］を接続　　**2**「10」と入力

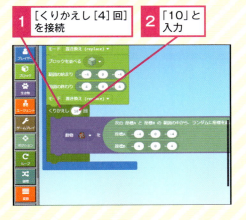

ヒント｜絶対座標を使った指定もできる

［ポジション］カテゴリーの［ワールド［0］［0］［0］］ブロックを使うと、相対座標の代わりに絶対座標で範囲を指定できます。［［動物］を［~［0］~［0］~［0］］に出現させる］ブロックの相対座標の部分に組み込むと、特定の位置に動物を出現させられます。また、ランダムな範囲を指定するブロックに組み込んでも使えます。

特定の位置を指定できる

ヒント｜ニワトリ同士が重なることもある

同じ場所にたくさんのニワトリを出現させると、ニワトリ同士が重なってしまうことがあります。プレイヤーが［種］を手に持つとニワトリが一斉に寄ってくるので、10羽いるか確認しましょう。ちなみに［種］をニワトリに与えると繁殖できます。

レッスン 31 エージェントの動きを作るには

条件分岐

柵にぶつかったら方向を変える

このレッスンからは、ニワトリが産んだタマゴをエージェントに回収させるためのプログラムを作っていきます。エージェントを繰り返し前に移動させて、障害物があるときに向きが変わるように設定します。条件分岐で複数の条件と処理を設定できる［もし［真］なら　でなければ］ブロックの使い方を覚えましょう。

レッスンで使う練習用ファイル
L31.mkcd

関連レッスン
- レッスン17 たいまつを4回に一度設置するには ……… P.56
- レッスン20 壁面にたいまつを置かせるには ……… P.70

キーワード
繰り返し処理	P.213
条件分岐	P.214
ブロック（マインクラフト）	P.216

第6章 養鶏場を作ってタマゴを収穫しよう

Before
養鶏場の中をエージェントが自由に動き、タマゴを回収できるようにする

After
エージェントが柵以外のブロックを直進し、柵の手前で向きが変わるようになる

1 エージェントを自分の位置に戻す

1 ［チャットコマンド［”jump”］を入力した時］を設置
2 「geteggs」と入力

3 ［エージェントを自分の位置にもどす］を接続

ヒント エージェントをプレイヤーの位置に呼ぶ

［エージェントを自分の位置にもどす］ブロックを使うとエージェントを呼び出せますが、座標は指定できません。プレイヤーが養鶏場の外にいるときは、養鶏場に入ってからコマンドを実行しましょう。

2 条件分岐のブロックを接続する

1 [論理]カテゴリーをクリック

2 [もし[真]なら でなければ]をクリック

3 ここに接続

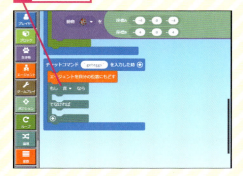

3 論理ブロックを接続する

1 レッスン26を参考に[[0][=][0]]を接続

ヒント｜複数の条件と処理を設定できる

[もし[真]なら でなければ]ブロックを使うと、[真]で指定した条件のとき、すぐ下に接続しているブロックの処理が行われます。条件を満たさない場合は「でなければ」の下に接続しているブロックの処理が行われます。

ヒント｜数値以外の条件も比較できる

[[0][=][0]]ブロックの[0]の部分には変数や数値以外にもブロックを組み込めます。ここではエージェントに前にあるブロックを調べて、条件と合うかどうかを比較します。ブロックの種類を条件に使うのは、マインクラフトのプログラミングでよく使われる方法なので覚えておきましょう。

31 条件分岐

次のページに続く

4 前を調べさせる

1 [エージェント]カテゴリーをクリック
2 [エージェントに どんな[ブロック]か、[前]を確認させる]をクリック

3 ここに組み込む

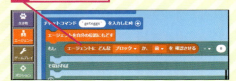

5 ブロックの種類を設定する

1 [ブロック]カテゴリーをクリック
2 ここをクリック

3 ここに組み込む

4 レッスン22を参考に[空気]に変更

ヒント｜よく似たブロックに注意しよう

エージェントに「前」を調べさせるブロックとして［エージェントに［ブロック］があるか、［前］を確認させる］があります。これはエージェントの前にブロックまたはレッドストーンがあるかどうかだけを確認するために使います。六角形の形からも分かるように、主に比較演算に使うので注意しましょう。

ブロックの形で区別しよう

ヒント｜移動できるかどうかを判断する

柵の前でエージェントの向きが変わるようにプログラミングしますが、「柵があるかどうか」を条件にすると、柵以外のブロックがあったときに対処できません。このため、手順5ではエージェントの進行方向に［空気］ブロックがある場合、つまり「何もない場合」を条件に設定します。

6 エージェントの動作を設定する

1 [エージェントを[前]に1ブロック移動させる]をここに接続

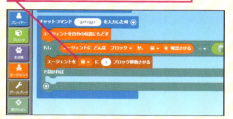

2 [エージェントの向きを左に変える]をここに接続

7 繰り返し処理にする

1 [ループ]カテゴリーをクリック

2 [もし[真]ならくりかえし]をクリック

3 ここに接続

ヒント ニワトリやプレイヤーにはぶつからない

エージェントはプレイヤーと同様に、固体以外のブロックはすり抜けて移動できます。このため、ニワトリやプレイヤー、花や草などは障害物として判断しません。

ヒント 繰り返しの条件は後から設定する

[もし[真]ならくりかえし]ブロックは[真]の部分を変更して条件を設定します。[真]のままにしておくと、同じ処理が永遠に繰り返えされてしまいます。手順7ではプログラムを動かすために[真]のままにしていますが、レッスン34でブロックを組み込み、エージェントを止めるための条件に変更します。

31 条件分岐

レッスン 32 エージェントにランダムな動きを加えるには

ランダムな数字を選択

柵以外の場所でも向きを変えさせる

レッスン31でエージェントが柵の前で向きを変えるようにしましたが、このままでは柵に接する場所を周回するだけになってしまいます。エージェントが養鶏場を歩き回れるように、ランダムに向きを変える動きを追加します。[計算] カテゴリーの [ランダムな数字を選択：[0] から [10] まで] ブロックを使って、条件分岐を追加しましょう。

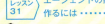

レッスンで使う練習用ファイル

L32.mkcd

関連レッスン

| レッスン 30 | ニワトリをランダムな場所に出現させるには | P.108 |
| レッスン 31 | エージェントの動きを作るには | P.110 |

キーワード

条件分岐	P.214
ブロック（MakeCode）	P.216
ランダム	P.216

Before
エージェントが柵のそばだけを巡回してしまう

After
エージェントが養鶏場の中を歩き回れるようになる

1 条件ブロックを追加する

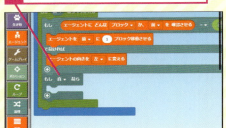

1 [もし[真]なら]ブロックをここに接続

ヒント 処理の順番を考えよう

MakeCodeで作ったプログラムは上から順に実行されます。このレッスンではエージェントがランダムに向きを変える処理を追加しますが、「前に何もなければ1ブロック進む」「柵があったら向きを変える」という2つの処理の後に実行されることに注意しましょう。

2 乱数のブロックを組み込む

1 [[0] [=] [0]] を組み込む

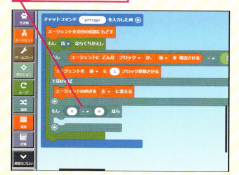

2 [計算] カテゴリーをクリック

3 [ランダムな数字を選択] をクリック

4 ドラッグしてここに近づける

ガイドが白く光った

5 マウスの左ボタンから指を離す

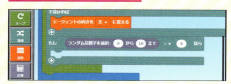

3 エージェントの向きを変える

1 [エージェントの向きを [左] に変える] をここに接続

ヒント｜数字は自動的に選ばれる

[ランダムな数字を選択：[0] から [10] まで] ブロックを使うと、指定した範囲からランダムに1つの数値が選ばれます。[[0] [=] [0]] ブロックと組み合わせると、プログラムにランダムな要素を簡単に追加できることを覚えておきましょう。

ヒント｜ランダムな場所にタマゴが産み落とされる

ニワトリは養鶏場の中をランダムに動き回ります。タマゴが産み落とされる場所やタイミングもランダムになるため、エージェントがまんべんなく巡回してタマゴを回収できるようにします。

ヒント｜頻繁に向きを変えさせるには

手順2ではランダムな数字の範囲を0から10までとしましたが、10よりも小さい数字を入力すると、エージェントが頻繁に向きを変えるようになります。例えば0から4までに設定すると、エージェントは5回に1回は向きを変える確率になります。ただし、あまり頻繁に向きを変えると、エージェントが周回する範囲が狭くなるので注意しましょう。

---

32 ランダムな数字を選択

レッスン 33 エージェントにタマゴを回収させるには

アイテムを回収させる

特定のアイテムを回収できる

このレッスンではエージェントがタマゴを回収する動きを作ります。[エージェントに[アイテム]を回収させる]ブロックを使ってエージェントの[持ち物]にタマゴを格納します。このブロックは、ダイヤモンドやレッドストーンなど貴重な地下資源の回収にも使えるので、第4章で作った採掘用のプログラムと組み合わせても便利です。

レッスンで使う練習用ファイル
L33.mkcd

関連レッスン

| レッスン 21 | 掘る長さをコマンドで指定するには | P.76 |
| レッスン 42 | 水が届く範囲まで畑にするには | P.144 |

キーワード

| カテゴリー | P.213 |
| ブロック（マインクラフト） | P.216 |

第6章 養鶏場を作ってタマゴを収穫しよう

ニワトリたちがタマゴを産むようになった

エージェントの動きと組み合わせてタマゴを回収する

1 ブロックを選ぶ

1. [エージェント]カテゴリーをクリック
2. [エージェントに[アイテム]を回収させる]をクリック

ヒント エージェントの周りにあるアイテムを回収できる

プレイヤーと同様に、エージェントも自分の周囲にある少し離れたアイテムを回収できます。エージェントの向きは関係なく、エージェントがアイテムに重ならなくても大丈夫です。

2 ブロックを接続する

1 ドラッグしてここに接続

ヒント｜移動する前に回収するようにプログラミングする

エージェントはアイテムから少し離れていても回収できるので、移動する前にタマゴを回収するように設定すると効率的です。手順2で［エージェントに［アイテム］を回収させる］ブロックを入れる位置に注意しましょう。

ヒント｜検索で探してもいい

ブロックの一覧と同様に、アイテムの一覧でも検索ボックスに入れたキーワードでアイテムを検索できます。このとき「卵」や「たまご」と入力するとタマゴが検索されないので注意しましょう。Windows 10版マインクラフトのブロックの正式名称については208ページの付録3も参照してください。

キーワードは正確に入力しよう

3 タマゴを指定する

1 ここをクリック

2 ［タマゴ］のアイコンをクリック

33 アイテムを回収させる

できる 117

レッスン 34 エージェントの動きを止めるには

変数を使って止める

チャットコマンドで変数を変える

エージェントがタマゴを回収するプログラムは、[[真]ならばくりかえし]という条件になっているため、永遠に動き続けます。このレッスンでは繰り返し処理を終わらせて、エージェントを停止させるチャットコマンドを作ります。紹介するブロックの組み合わせはほかのプログラムにも使えるので、覚えておくと便利です。

レッスンで使う練習用ファイル
L34.mkcd

関連レッスン

| レッスン 7 | エージェントにアイテムを持たせるには ………… P.32 |
| レッスン 31 | エージェントの動きを作るには ………… P.110 |

キーワード

繰り返し処理	P.213
変数	P.216
持ち物	P.216

第6章 養鶏場を作ってタマゴを収穫しよう

プログラムを実行するとエージェントが動き続ける

タマゴの回収が終わったらコマンドで止まるようにする

1 コマンドを追加する

1. [チャットコマンド["jump"]を入力した時]を設置
2. 「stop」と入力

ヒント [シミュレータを停止する]ボタンで停止できる

MakeCodeのプログラムは画面左下の[シミュレータを停止する]ボタンをクリックすると停止します。そのままの状態だとプログラムはずっと止まったままになるので、もう1回ボタンをクリックして再開しましょう。

2 変数を追加する

レッスン16を参考に、[作成する変数の名前:]ウィンドウを表示しておく

1 「stop」と入力

2 [OK]をクリック

ヒント タマゴが養鶏場からなくなることはない

ニワトリは養鶏場内をランダムに動いて約7分に一度タマゴを産みます。タマゴは次々と産み落とされるので、エージェントがすべてのタマゴを回収するのはほぼ不可能です。養鶏場の中のタマゴがある程度回収できたらエージェントを止めて、[持ち物]を確認するといいでしょう。

3 コマンドで変数を変更する

1 [変数[変数]を[0]にする]をここに接続

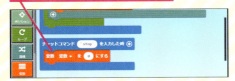

2 ここをクリック

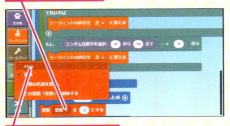

3 [stop]をクリック

4 ここをクリック

5 「1」と入力

ヒント 動きを止める変数を追加する

変数「stop」を追加して、チャットコマンドで入力したときに「真」になるように設定します。このままではプログラムは止まらないので、次の手順で繰り返し処理の条件を変更します。

次のページに続く

4 繰り返し処理を変更する

1 [[0] [＝] [0]]を組み込む

2 [stop]を組み込む

ヒント stopの変数が「0」の場合は繰り返すように変更する

[もし [真] ならくりかえし] ブロックに [[0] [＝] [0]] ブロックを組み込んで、変数 [stop] が「0」のときだけ処理を繰り返すように変更します。手順4の「0」は真偽の「偽」を表しています。

---

5 開始時にエージェントを止める

1 [変数[変数]を[0]にする]をここに接続

2 手順3を参考に [stop]に変更
3 「1」と入力

ヒント 変数の値をリセットしておく

変数 [stop] が「0」になっていると、「geteggs」コマンドを入力した際にエラーが発生してしまいます。チャットコマンドを入力した直後に変数がリセットされるように、[変数 [変数] を [0] にする] ブロックを忘れずに接続しておきましょう。

第6章　養鶏場を作ってタマゴを収穫しよう

6 プログラミングを再スタートする

1 [変数[変数]を[0]にする]をここに接続

2 手順3を参考に[stop]に変更

> **ヒント　変数を1にして処理を始めさせる**
>
> 変数[stop]をリセットしたらエージェントを自分の位置に戻し、再びプログラムが動くように設定します。養鶏場が複数ある場合でも、プレイヤーが養鶏場の中で「geteggs」コマンドを実行することで、エージェントがタマゴを回収できるようになっています。

34 変数を使って止める

テクニック

エージェントの[持ち物]を確認しよう

エージェントが回収したアイテムは[持ち物]の空いているスロットに格納されます。1つのスロットがいっぱいになると次のスロットに格納されます。タマゴのようにスタック数が少ないアイテムは[持ち物]がいっぱいになりやすいので、定期的にエージェントからプレイヤーにアイテムを移動しておきましょう。

別のプログラミングを実行する前に、必ずエージェントの[持ち物]をチェックしておこう

この章のまとめ

複数の養鶏場を管理しよう

MakeCodeには、エージェントに周囲にあるブロックの種類を調べさせたり、特定のアイテムのみ回収させたりするブロックが用意されています。これらはロボットプログラミングのセンサーを使ったデータの収集や、データの内容によって動作を変えるといった働きによく似ています。

この章ではエージェントが特定の領域をランダムに歩き回り、条件に合ったアイテムのみ回収するプログラムを作りました。これは、単純なロボット掃除機と同じ動きです。ロボット掃除機が部屋を移動しても掃除ができるのと同じように、エージェントは障害物を回避しながらタマゴを回収し続けます。複数の養鶏場を作って、エージェントにタマゴを回収させてみましょう。回収したタマゴは調理に使えるほか、敵に当てて後退させられます。

エージェントにタマゴを自動で回収させよう
エージェントは持ち物がいっぱいになるまでタマゴを回収できる。その間、プレイヤーは別の作業をしよう

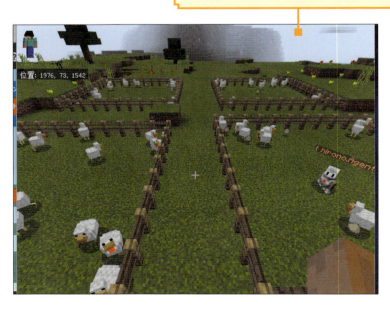

練習問題

Q 1

ニワトリの代わりに、牛が5頭、ヒツジが5頭生成されるコードを作って牧場を作ってみましょう。

[ニワトリ]のスポーンエッグを[牛]に変更して、繰り返し回数を変更します。コードを複製して[ヒツジ]が生成されるようにしましょう。

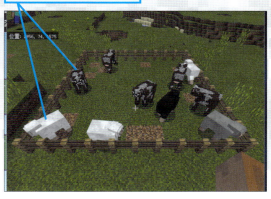

養鶏場の中に牛とヒツジをスポーンさせる

答えは次のページ

解答

A1

スポーンエッグを選び直すだけで、簡単にほかの動物を生成できます。また、コードを複製すれば同時に数種類の動物を生成できます。ただし、ブタとオオカミ、ニワトリとヤマネコのように捕食関係にある動物もいるので注意しましょう。

1 クリックして「5」と入力
2 ここをクリック
3 [牛]をクリック

4 複製してここに接続
5 ここをクリック
6 [ヒツジ]をクリック

第7章

畑を作って農作物を育てよう

作物を育てて食料を確保し、家畜の飼料や村人との交易にも役立つ農耕はプレイヤーの活動を支える重要な要素です。この章では、エージェントが畑を作るプログラムを紹介します。水源を設置し、地面を耕して種をまくまでを自動化してみましょう。

この章の内容

35 農地を作るには……………………………………126
36 水源を作るには……………………………………128
37 エージェントの位置を決めるには……………130
38 耕す動作を作るには……………………………132
39 関数で動きをまとめるには……………………134
40 コマンドに関数を呼び出すには………………140
41 水源の周り1ブロックを畑にするには………142
42 水が届く範囲まで畑にするには………………144

レッスン 35 農地を作るには

ブロックを並べる

畑の元になる土地を作る

農地に向いた土地を探す手間を省くために、プレイヤーの足元に[草ブロック]を並べて農地の元を作ります。第6章で紹介した養鶏場と同じように作業を分担し、プレイヤーが農地を作ってエージェントが耕すプログラムを作っていきます。

関連レッスン

| レッスン 22 | 建物を建てる準備をしよう | P.82 |
| レッスン 28 | 養鶏場を作るには | P.102 |

キーワード

エージェント	P.213
コマンド	P.214
ブロック（マインクラフト）	P.216

第7章 畑を作って農作物を育てよう

Before: 第5章のピラミッドや第6章の養鶏場と同様に、この章でもプレイヤーの位置を基準に畑を作る

After: 畑を作ると同時に、エージェントをプレイヤーの位置に戻す

1 コマンドを設定する

1 クリックして[farm]と入力

ヒント プレイヤーの場所を基準にする

農地はプレイヤーの足元の地面に、東西4ブロック、南北4ブロックの大きさで作ります。プレイヤーの足元を水源にしたとき、耕した農地に水が届く最大の大きさとなります。

2 [空気]ブロックを並べる

1 レッスン22を参考に[ブロックを並べる]を接続

2 レッスン22を参考に[空気]ブロックに変更

3 「-4」「0」「-4」と入力
4 「4」「1」「4」と入力

ヒント | プレイヤーの高さのブロックを除去する

プレイヤーとエージェントが農地の上を自由に移動できるように、プレイヤーと同じ高さまで[空気]ブロックを並べて余分なブロックを除去します。森林地帯などでプログラムを実行する場合は、上空の木を除去するため[範囲の終わり]のyの数値をより大きくしましょう。

[空気]ブロックをより高く並べて、上空の障害物を除去する

3 [草ブロック]を並べる

1 [ブロックを並べる]を接続

2 「-4」「-2」「-4」と入力
3 「4」「-1」「4」と入力

ヒント | 水源の底を作る

エージェントが耕作するのは地表1ブロック分ですが、その下に空間があると水源の水が流れ落ちてしまうため、[草ブロック]ブロックは2段にして並べます。ちなみに、エージェントが表面を耕すので[土][荒れた土]ブロックを代わりに並べても構いません。

4 エージェントを呼ぶ

1 [エージェントを自分の位置にもどす]をここに接続

水源を作るには

指定したスロットのアイテムを使う

エージェントに穴を掘らせて水を入れる

マインクラフトでは地面を耕して農地を作れますが、水源から遠いと乾いて元のブロックに戻ってしまいます。また、作物が育つためにも水源が必要です。ここでは農地の中心が水源になるように、エージェントのプログラミングをします。水の入ったバケツと［種］をエージェントに渡しておきましょう。

 レッスンで使う練習用ファイル
L36.mkcd

関連レッスン

| レッスン 10 | 丸石を下に置かせるには ・・・・・・ P.38 |
| レッスン 15 | エージェントにたいまつを置かせるには ・・・・・・・・・・・・ P.52 |

キーワード

サバイバル	P.214
スロット	P.214
ブロック（マインクラフト）	P.216

第7章 畑を作って農作物を育てよう

Before

レッスン35までのプログラムを実行すると、エージェントはプレイヤーに重なって登場する

After

エージェントに下のブロックを破壊させ、同じ座標で［水バケツ］を使う

 1 エージェントに水と種を渡す

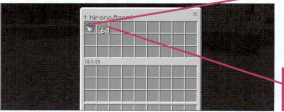

エージェントを右クリックして［持ち物］を表示しておく

1 スロット1に［水バケツ］を入れる

2 スロット2に［種］を入れる

ヒント 使う順でスロットに並べよう

エージェントは［水バケツ］で水源を作った後に地面を耕し、［小麦］の原料である［種］をまくという動きをします。エージェントを動かす前に、必要なアイテムを渡しておきましょう。アイテムは使う順でスロットに入れておくと分かりやすいプログラムになります。

2 スロットを指定するブロックを接続する

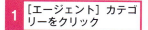

1 [エージェント]カテゴリーをクリック
2 [エージェントのスロット番号[1]を有効にする]をクリック

3 ここに接続

3 エージェントに水源を作らせる

1 レッスン13を参考に[エージェントに[前]を破壊させる]をここに接続

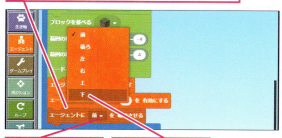

2 ここをクリック
3 [下]をクリック

4 レッスン10を参考に[エージェントに[後ろ]へ置かせる]をここに接続

5 ここをクリック
6 [下]をクリック

ヒント 動作の直前にスロットを有効にする

[エージェントのスロット番号[1]を有効にする]ブロックを使うと、エージェントに使わせるスロットの番号を指定できます。スロットを指定した直後にエージェントの動作を設定すると、動きを簡潔にまとめられます。

ヒント [サバイバル]のときはアイテムが消費される

ゲームモードが[クリエイティブ]のときはアイテムは減りませんが、[サバイバル]のときは使った分だけアイテムやブロックが減っていきます。また、[水バケツ]は空の[バケツ]になります。[サバイバル]で実行する場合はエージェントのスロットを必ず確認しておきましょう。

ヒント プレイヤーが立っていた場所が水源になる

ここではエージェントが出現した場所の真下を水源にします。つまり、プレイヤーの足元が水ブロックになります。プログラムを実行するとプレイヤーが水源に落ちることがありますが、エージェントの動きには支障がありません。水源から上がるときは、余分にジャンプをして畑を踏みつぶさないように注意しましょう。

レッスン 37 エージェントの位置を決めるには

耕す際の初期位置を決める

水源の対角線上に移動させる

エージェントが地面を耕す前に、水源の対角線上に移動するようにプログラミングします。エージェントは水源を周回しながら地面を耕し、1周したら1ブロック外側に移動するようにします。このとき、毎回水源の対角線上から耕す動作を始められるように作ります。

レッスンで使う練習用ファイル
L37.mkcd

| レッスン 8 | エージェントを前に動かすには | P.34 |
| レッスン 12 | エージェントの位置を設定するには | P.46 |

キーワード
エージェント	P.213
座標	P.214
チャットコマンド	P.215

第7章 畑を作って農作物を育てよう

Before
エージェントに水源を作らせたら、その周囲を耕すようにプログラミングする

After
エージェントが耕す動作を始めるとき、必ず水源の対角線上に移動できるようにする

1 エージェントを前に移動する

1 レッスン8を参考に[エージェントを[前]に[1]ブロック移動させる]を接続

ヒント 直前と同じ向きで登場する

[エージェントを自分の位置にもどす]を実行すると、エージェントは直前に向いていた方向を向いて登場します。プレイヤーが意図した向きとは限らないので注意しましょう。なお、新しいワールドを作ったときや、MakeCodeの実行直後は南向きで登場します。

2 エージェントを左に向ける

1 レッスン12を参考に［エージェントの向きを［左］に変える］をここに接続

3 エージェントを前に移動する

1 ［エージェントを［前］に［1］ブロック移動させる］をここに接続

4 エージェントを2回右に向ける

1 ［エージェントの向きを［左］に変える］をここに接続

2 ここをクリック

3 ［右］をクリック

4 ブロックを複製して接続

間違った場合は？

このレッスンで追加するエージェントの動きは、順に「前進」「左を向く」「前進」「右を向く」「右を向く」となります。手順4のように［エージェントに［下］へ置かせる］ブロックの下に、5つのブロックが接続されているか確認しましょう。間違ったブロックがあったときは一度接続を解除し、正しいブロックを接続してからその下のブロックを移動するといいでしょう。

ヒント コマンドを何度か実行してみよう

手順4まで進んだら、チャットコマンドで「farm」を何度か実行してみましょう。このとき、プレイヤーが水源に落ちると座標が変わってしまうので、空を飛ぶか別のブロックに少しだけ乗るなどして高さが変わらないようにしましょう。プログラムを実行するたびにエージェントの向きは変わりますが、止まったときに水源の左後ろで前を向いているようになれば完成です。

どの向きで登場しても、水源の対角線上に移動する

37 耕す際の初期位置を決める

レッスン 38 耕す動作を作るには

スロット番号の切り替え

前のブロックを作業する

レッスンで使う練習用ファイル
L38.mkcd

［エージェントに［前］を耕させる］ブロックを使うと、エージェントが自分の周囲を耕せるようになります。このレッスンでは、エージェントに自分の前を耕させてから［種］を割り当てたスロットを有効にして、［エージェントに［前］に置かせる］ブロックを使って種を植えさせます。

関連レッスン

| レッスン10 | 丸石を下に置かせるには | P.38 |
| レッスン15 | エージェントにたいまつを置かせるには | P.52 |

キーワード

カテゴリー	P.213
スロット	P.214
持ち物	P.216

第7章　畑を作って農作物を育てよう

エージェントが水源の対角線上に登場するようになった

エージェントが前を耕して、種を植えるようになる

1 スロットを切り替える

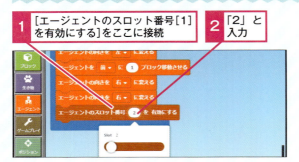

1 ［エージェントのスロット番号［1］を有効にする］をここに接続

2 「2」と入力

ヒント　スロットは27まで指定できる

エージェントの［持ち物］には27個のスロットがあり、どのスロットを使うか番号で指定できます。スロットが空になっても次のスロットが使われることはないので、スロットを切り替えたいときは手順1のように必ずブロックを使って指定しましょう。

2 エージェントに前を耕させる

1 [エージェント] カテゴリーをクリック
2 [エージェントに [前] を耕させる] をクリック

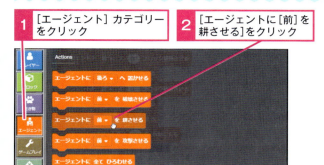

3 ここに接続

ヒント 上下は耕せない

エージェントが地面と同じ高さにいるときは、[上] や [下] のブロックは耕せません。プレイヤーと違い、自分が乗っているブロックも耕せないので注意しましょう。エージェントが地面よりも1ブロック高い空中にいる場合は、下のブロックを耕せます。

エージェントが空中にいるときは [下] を耕せる

3 エージェントに種をまかせる

1 [エージェントに [後ろへ] 置かせる] をここに接続

2 ここをクリック
3 [前] をクリック

4 [エージェントを [前] に [1] ブロック移動させる] をここに接続

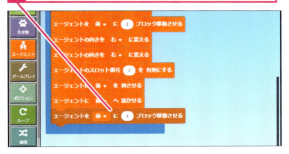

ヒント 上下には種をまけない

種や花など、ブロックに接していないと置けないアイテムの場合、エージェントは [上] や [下] に置けません。耕すときと同様に、自分が乗っているブロックにも置けないので注意しましょう。

関数で動きをまとめるには

関数

役割ごとにブロックをまとめる

レッスン38までに作ったプログラムが非常に長くなり、画面をスクロールしないと全体が見えないほどになってきました。このような場合一定の処理を「関数」としてまとめると、全体の流れが分かりやすくなります。農地を作る、水源を作るといった役割ごとにブロックをまとめて、全体を整理してみましょう。

 レッスンで使う練習用ファイル
L39.mkcd

関連レッスン

| レッスン 40 | コマンドに関数を呼び出すには | P.140 |
| レッスン 50 | ゲームの設定を関数にするには | P.172 |

キーワード

関数	P.213
ブロックパレット	P.216
変数	P.216

第7章 畑を作って農作物を育てよう

1 関数を作る

1 [高度なブロック] をクリック

2 [関数] カテゴリーをクリック

3 [関数を作成する] をクリック

[新たに作成する関数の名前:]ウィンドウが表示された

4 「doFill」と入力

5 [OK] をクリック

ヒント 関数とは

関数は処理をまとめて入れる箱のようなものです。ある処理を繰り返し実行したいときは、まとめて関数に置き換えるとプログラムの動きを把握しやすくなります。なお、関数は単体では動作しません。このレッスンで作成した関数は、次のレッスンで呼び出して使えるようにします。

ヒント 分かりやすい名前を付けよう

変数と同様に関数にも分かりやすい名前を付けましょう。この章ではすべて「do」にプログラムの内容を英訳した名前を付けますが、日本語で名前を付けても構いません。ただし、長い名前を付けると関数を呼び出すためのブロックが使いにくくなるので注意してください。

134 できる

2 関数のブロックを移動する

[関数 [doFill]] ブロックがブロックパレットに表示された

1 ドラッグしてここに移動

ヒント｜ほかのブロックには接続できない

[関数 [ ]] のブロックは、ほかのブロックに接続できません。必ず中にほかのブロックを接続し、処理をまとめる役割であることに注意しましょう。

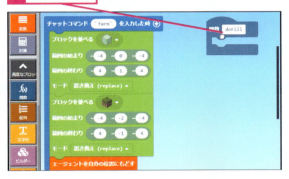

ヒント｜ブロックを複製してもいい

関数をいくつも作りたいときに、ブロックパレットから選んで作るのは手間がかかります。関数のブロックを右クリックして複製すると、元のブロックに「〜2」などの数字が付いたブロックを作れます。このブロックの名前を入力し直して使うと便利です。

右クリックで関数を複製できる

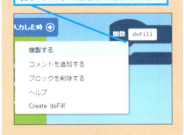

3 ほかの動作の関数も作る

1 同様の手順で関数「doWater」「doMove」「doSlant」を作成

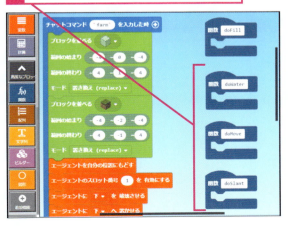

次のページに続く

できる 135

4 耕す動作を関数にする

1 ここをクリック

2 クリックしたままドラッグ

下の3つのブロックがつながったまま移動する

3 [関数 [doSlant]] のここに接続

関数 [doSlant] が完成した

ヒント 下からはずして関数にしていく

レッスン9のテクニックで紹介した通り、プログラミングエリアで接続したブロックをクリックすると、その下に接続したブロックがすべて選択されます。このため、長くなったプログラムを関数で整理したいときは、下の処理から順に接続を解除して[関数[ ]]ブロックにまとめていきます。

間違った場合は？

関数としてまとめたブロックの内容が間違っていたり、大切な処理が抜けていたりするとプログラムが正しく動きません。関数に処理をまとめるときは、接続するブロックの範囲と数などをよく確認してください。もし間違った場合は、はずしたブロックを元の処理に接続し直してから、内容を確認してやり直しましょう。

5 エージェントの移動を関数にする

1 ここをクリック

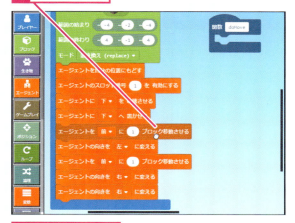

2 ここまでドラッグ

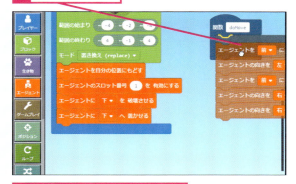

3 [関数[doMove]]のここに接続

関数[doMove]が完成した

ヒント｜作った関数は少し離して配置する

プログラムを分解して関数にするときは、プログラミングエリアがぎゅうぎゅうになりがちです。プログラミングエリアを右クリックし、[プログラムを整形する]を実行するなどしてブロックが重ならないようにしましょう。また、完成した関数を画面の右側に移動しておくと、続けて関数を作るときに作業がしやすくなります。

ブロック同士が重ならないように整理する

ヒント｜関数に含める範囲を確認しよう

手順5ではエージェントが水源から移動して、所定の位置に着くまでを[doMove]の関数にしています。エージェントはこの動作を使って耕す範囲を増やすので、非常に重要な処理となります。関数にまとめる範囲を確認して、処理が正確に行われるようにしましょう。

次のページに続く

6 水源を作る動作を関数にする

1 ここをクリック

2 ここまでドラッグ

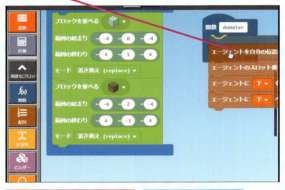

3 [関数[doWater]]のここに接続　　関数[doWater]が完成した

ヒント 一度だけ実行する処理も関数にしよう

水源を作る動作や農地の元を作る動作は、この章のプログラムの中では最初の1回だけ実行されます。関数にまとめなくても、プログラムの動作には支障がありません。ただし、ほかの処理と同じようにまとめておくとプログラム全体の流れが分かりやすくなります。また、後から農地の大きさを変更するようなときでも、メインの処理はそのままにしておき、関数の中だけ修正すればいいので手直しがしやすくなります。

ヒント 縮小表示で全体を確認しよう

このレッスンのようにプログラムに大きな変更を加えたときは、全体を表示して内容を確認しましょう。[縮小表示]ボタンをクリックすると、プログラミングエリアのブロックが小さくなるので、何回かクリックして全体を確認しましょう。表示を元に戻すときは、[拡大表示]ボタンを同じ回数クリックします。

[縮小表示]をクリックすると、プログラミングエリアのブロックが縮小表示される

第7章 畑を作って農作物を育てよう

7 農地を作る動作を関数にする

1 ここをクリック

2 ここまでドラッグ

3 [関数[doFill]]のここに接続

関数[doFill]が完成した

ヒント｜ほかのプログラムに使ってもいい

第5章でピラミッドを作ったプログラムや、第6章で養鶏場を作ったプログラムも関数を使ってコンパクトにまとめられます。レッスン40で関数の使い方をマスターしたら、今までに作ったプログラムも簡潔にできるか試してみましょう。

ヒント｜関数の内容を確認しておこう

手順7までが終わったら、関数でまとめた内容がすべて正しいものになっているか、各手順の最後の操作を見て確認しましょう。ブロックの脱落などがあった場合は、前後の関数に余分なブロックが含まれていないか確認し、正しい形に修正しましょう。

レッスン 40 コマンドに関数を呼び出すには

関数を呼び出す

関数を呼び出して実行しよう

レッスンで使う練習用ファイル
L40.mkcd

関数を実行するには、[関数] カテゴリーにある [関数を呼び出す [ ]] ブロックを使います。[関数] カテゴリーのブロックパレットにはレッスン39で作った関数に対応するブロックが用意されているので、プログラミングエリアで接続して使いましょう。なお、このレッスンで作ったプログラムの動作は、レッスン38までと同じになります。

関連レッスン

| レッスン 38 | 耕す動作を作るには | P.132 |
| レッスン 39 | 関数で動きをまとめるには | P.134 |

キーワード

カテゴリー	P.213
関数	P.213
ブロックパレット	P.216

第7章 畑を作って農作物を育てよう

関数を使う前にコードの内容を把握しておく

関数を使ってもまったく同じ動きが再現される

1 関数を呼び出すブロックを選ぶ

1 [関数] カテゴリーをクリック
2 [関数を呼び出す [doFill]] をクリック

ヒント 関数のブロックは名前順に並ぶ

[関数] カテゴリーの [関数を呼び出す [ ]] ブロックは、作成した順序ではなく名前順に並びます。決まった順で複数の関数を実行するときは、関数を作る際に「1doFill」など、数字を組み合わせた名前にしておくといいでしょう。

2 ブロックを接続する

1 [関数を呼び出す[doFill]]を ここに接続

ヒント | 好きな関数を使い回してもいい

手順2の状態でチャットコマンドを実行すると、農地の元だけを作れます。住居や倉庫を作るときの用地にしたり、ほかのプログラムを実行するときのベースにすると便利です。

3 ほかのブロックも接続する

1 同様の手順でほかの関数のブロックも組み込む

[doFill][doWater][doMove][doSlant]の順になるようにする

ヒント | ブロックを組み込む順序に注意しよう

ブロックを接続する順序を間違えると、プログラムが正しく動作しません。正しい順序に並んでいるか確認して、何度かプログラムを実行してみましょう。

40 関数を呼び出す

レッスン 41 水源の周り1ブロックを畑にするには

繰り返し処理

関数を使って繰り返し処理を作る

水源の周り1ブロックを畑にするプログラムを作ります。関数を繰り返し実行して、エージェントが水源を1周しながら耕して種をまくようにプログラミングします。なお、繰り返し処理に合わせて関数［doMove］の一部を変更します。

レッスンで使う練習用ファイル
L41.mkcd

関連レッスン
- レッスン19 繰り返し採掘するには ……… P.68
- レッスン37 エージェントの位置を決めるには ……… P.130

キーワード
エージェント	P.213
関数	P.213
二重ループ	P.215

エージェントは、一度の動作で2ブロック分を耕して種をまく

4回繰り返して水源を1周し、元の位置に戻るようにできる

1 変更するブロックを選ぶ

① ［関数[doMove]］の一番下のブロックをクリック

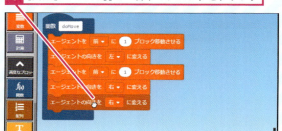

ヒント エージェントを動かす関数を一部変更する

水源の周りを耕すとき、エージェントは2回耕す動作を繰り返してから、4回向きを変えて1周します。耕す動作と向きを変える動作の繰り返し回数が異なるため、向きを変える動作を関数から除外して二重ループを作ります。

2 ブロックを組み込む

1 ドラッグしてここに接続

間違った場合は？

二重ループのプログラムは作るのが難しく、間違いやすいので注意しましょう。エージェントが水源から離れた場所を耕したり、動きがおかしくなったりしたときは、ブロックの間違った部分を修正してから、違う場所でもう一度コマンドを実行しましょう。

3 繰り返し処理を設定する

1 ［くりかえし［4］回］をここに接続

2 クリックして「2」と入力

3 ［くりかえし［4］回］をここに接続

ヒント｜エージェントの動きを確認しよう

このレッスンで作ったプログラムを実行すると、農地と水源ができた後にエージェントが水源の対角線上に移動し、前に向かって移動しながら畑を作ります。前を2回畑にしたら角で向きを変え、1周して元の場所に戻ります。二重ループの内容によってエージェントがどう動くかを確認しましょう。

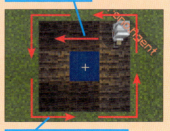

畑にする動作を2回繰り返す

全部で4回向きを変えて水源を1周する

レッスン 42 水が届く範囲まで畑にするには

変数で増やす

外側ほど長く耕すようにする

変数を使ってエージェントに耕させる範囲を外側に広げていき、畑を完成させます。水源から遠くなるほど、エージェントが耕す長さは長くなります。最終的に水源から4ブロック分外側に移動し、9×9ブロックの畑ができるようにプログラミングします。

レッスンで使う練習用ファイル
L42.mkcd

関連レッスン

| レッスン 17 | たいまつを4回に一度設置するには | P.56 |
| レッスン 19 | 繰り返し採掘するには | P.68 |

キーワード

コマンド	P.214
スロット	P.214
変数	P.216

水源を1周したエージェントは、耕す前と同じ場所に戻る

エージェントを水源の対角線に移動させ、畑の範囲を広げていく

1 変数を追加する

レッスン16を参考に、[作成する変数の名前:]ウィンドウを表示しておく

1 「1辺の長さ」と入力

2 [OK]をクリック

ヒント　水源から最大4ブロックまで畑にできる

マインクラフトの農耕には水源が不可欠ですが、利用範囲は4ブロックまでとなっています。水源から4ブロック離れると作物は育たず、畑も乾いて土に戻ってしまいます。この章で作った畑は、水源が1つの場合での最大の大きさです。

2 ブロックを組み込む

1 ［変数［変数］を［0］にする］ブロックをここに接続
2 ここをクリック

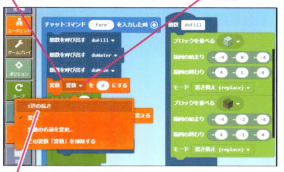

3 ［1辺の長さ］をクリック

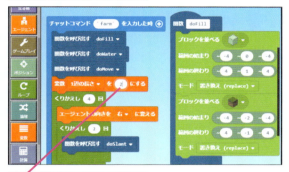

4 クリックして「2」と入力

3 繰り返し回数を変数にする

1 レッスン17を参考に［1辺の長さ］ブロックを組み込む

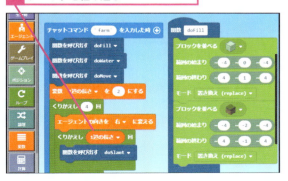

ヒント 長さは2からスタートする

変数［1辺の長さ］は、エージェントが一度に耕す距離を決めています。水源の周囲を耕すには2ブロック分作業する必要があるので、初期値を「2」に設定します。

ヒント ここまでを実行するとレッスン39と同じ結果になる

手順3までを実行すると、レッスン39と同じように水源の周り1ブロック分を畑にしてエージェントが止まります。ここまでの動作が正しいかどうか、コマンドを実行して確かめてみましょう。次の手順からは、1ブロックずつ外側を耕すようにプログラムを作っていきます。

エージェントが1周して動きを止める

42 変数で増やす

次のページに続く

できる | 145

4 耕す長さを増やす

1 [関数を呼び出す[doMove]]を ここに接続

2 [変数[変数]を[1]だけ増やす]を ここに接続

3 クリックして[1辺の長さ] に変更

4 クリックして 「2」と入力

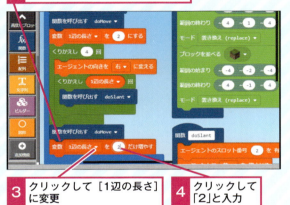

5 外側に移動する回数だけ繰り返す

1 [くりかえし[4]回]を ここに接続

ヒント 耕す長さは2ブロックずつ増える

エージェントが水源の周りを1周するたびに、外側に向かって移動して耕す範囲が広がります。手順4の操作1で[関数を呼び出す[doMove]]を忘れずに接続しましょう。

間違った場合は？

エージェントが耕す長さは、水源から離れるごとに2ブロックずつ増えていきます。このため、エージェントが1周するごとに変数[1辺の長さ]を2ずつ増やします。

ヒント サバイバルモードの場合は3回まで繰り返す

この章で作成した畑は、1辺が9ブロックの正方形で中央に水源が1ブロックあり、全部で9×9-1＝80ブロック分あります。種も80個必要になりますが、1つのスロットには64個までしか入らないため、資源が有限な[サバイバル]のゲームモードでは種が足りなくなってしまいます。[サバイバル]のゲームモードでこのプログラムを実行するときは、手順5の繰り返し回数を「3」に変更して、1辺が7ブロックの正方形の畑を作りましょう。

テクニック

プログラムの流れを確認しよう

この章で作ったプログラムは、エージェントが水源の周りを周回して畑を耕す処理と、外側に移動して耕す範囲を広げる処理の2つが交互に繰り返されています。畑を耕す処理は変数を使って2ブロックずつ増えていき、外側に移動する処理はエージェントが1周するごとに実行されま

す。エージェントが水源の対角線へと移動する動作は、この2つの処理をつなぐ重要なポイントとなります。プログラムがうまく動かないときは、エージェントが移動するブロックをチェックしてみましょう。

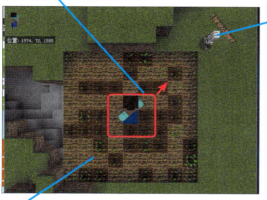

耕しながら1周したら、エージェントは水源の対角線上に移動する

水源から5ブロック離れた対角線上で止まる

エージェントが外側に移動するたびに、耕す長さが2ブロックずつ増える

テクニック

種と一緒に肥料もまこう

関数に処理を追加すると、プログラミングの内容を簡単に変更できます。例えば下のように関数[doSlant]にブロックを2つ追加すると、エージェントが種と一緒に肥料をま

くようになります。また、作物と土ブロックを交互に置くことも可能です。

エージェントのスロット3に[骨粉]を入れておく

[関数[doSlant]]の内容を変更する

1 レッスン38を参考にエージェントのスロット3を有効にする

2 [エージェントに[前]へ置かせる]を接続

この章のまとめ

いろいろな作物を育ててみよう

マインクラフトではさまざまな作物を栽培できます。この章では［種］を使って食料としてポピュラーな［小麦］を栽培しました。［小麦］はパンやケーキなどの材料になるほか、牛やヒツジの繁殖にも使える万能の作物です。このほかにも、ニンジンやジャガイモ、ビートルートをエージェントのスロットに入れておくと、それぞれ畑で増やして収穫できます。また、拠点を華やかに彩るヒマワリなどの花も植えてみましょう。

作物の種類によっては、栽培方法や実り方が異なります。例えばカボチャやスイカは、本体のつるの前後左右1ブロックのどこかに実をつけます。効率良く収穫するのであれば、種をまいた畑と、実がなる土ブロックを交互に配置するといいでしょう。また、サトウキビは水源または水流に接した砂ブロックなどに栽培できます。この場合は水源を置いたらブロックを破壊し、水路を作ってその隣にサトウキビを植えるといいでしょう。作物ごとに適した畑を作って、いろいろな作物を育ててみましょう。

役に立つ作物を育てよう

赤ビートやニンジンはエージェントのスロットを入れ替えるだけで栽培できる

Q1

畑の周りに石ブロックを並べて、上に柵を立てましょう。

畑の外側を柵で囲む

プレイヤーが農地を作る動きに、石ブロックと柵を並べる動きを追加します。レッスン28と同様に柵を全面に並べてから、不要な部分に空気ブロックを並べて除去しましょう。

答えは次のページ

解答

1 [ブロックを並べる]を ここに接続

［関数［doFill］］にブロックを2つ追加します。石ブロックを農地よりも1ブロック分広く並べて、全面に柵を並べます。その後、レッスン33で作ったプログラムで農地を完成させます。

2 ここをクリックして [石]を選択

5 ここを右クリックして 複製

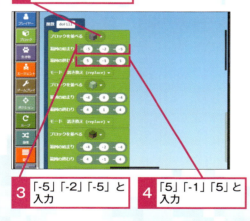

3 「-5」「-2」「-5」と 入力

4 「5」「-1」「5」と 入力

6 ドラッグして ここに接続

7 ここをクリックして ［樫の木の柵］を選択

8 「0」と入力

第8章

友達と対戦バトルを楽しもう

MakeCodeは建築や採掘、農耕などのほかにも、マインクラフトの
ワールド内でミニゲームを作って遊べます。この章では、タブレットや
スマートフォンで遊んでいるほかのプレイヤーをワールドに招待して、
一緒に楽しめる対戦バトルを作ります。

この章の内容

43 発光する床を作るには…………………………………… 152
44 闘技場を作るには………………………………………… 154
45 座標を変数で置き換えるには………………………… 156
46 ブロックの座標を変数にするには………………… 160
47 プレイヤーを闘技場にテレポートさせるには… 164
48 ワールドの天候と時間を指定するには……… 166
49 参加者の装備を変更するには………………………… 168
50 ゲームの設定を関数にするには…………………… 172
51 マグマをランダムに発生させるには………… 174
52 ゲームオーバーの設定を作るには……………… 178
53 ゲームの終了後にマグマを除去するには…… 182
54 ゲームモードを変更するには……………………… 186
55 対戦を可能にするには………………………………… 190
56 ゲーム終了時の設定を関数でまとめるには… 194

発光する床を作るには

ブロックを並べる

「海のランタン」を地面に敷き詰める

このレッスンでは、プレイヤー同士が対戦する闘技場の下に[海のランタン]を敷き詰めたスペースを作ります。[海のランタン]は発光するため夜でも見やすく、モンスターのスポーンも防げます。なお、この章で作る闘技場などはかなり大規模な建築になります。対戦バトル専用に新しいワールドを作るといいでしょう。

 レッスンで使う練習用ファイル
なし

関連レッスン
レッスン22 建物を建てる準備をしよう ……… P.82
レッスン28 養鶏場を作るには ……… P.102

キーワード
座標 P.214
チャットコマンド P.215
テレポート P.215

第8章 友達と対戦バトルを楽しもう

新しいワールドを作って、草原などの広い場所に移動しておく

[海のランタン]を敷き詰めて、闘技場の下の床を作る

1 コマンドを設定する

1 ここをクリックして「field」と入力

ヒント　まずは闘技場を作成する

この章ではプレイヤーが上空に闘技場を作り、次にほかのプレイヤーと一緒に闘技場にテレポートして対戦バトルを始められるようにします。それぞれ別のチャットコマンドを使って実行します。

2 [海のランタン]ブロックを並べる

レッスン22を参考に[ブロックを並べる]を接続しておく

1 ここをクリック
2 [海のランタン]をクリック

3 「-21」「-1」「-21」と入力

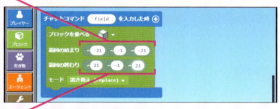

4 「21」「-1」「21」と入力

3 [空気]ブロックを並べる

レッスン9を参考に[ブロックを並べる]ブロックを複製しておく

1 ドラッグしてここに接続

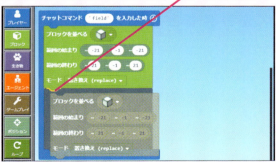

2 レッスン22を参考に[空気]に変更
3 「0」と入力
4 「3」と入力

ヒント 光るブロックでモンスターのスポーンを防ぐ

対戦バトルでは空中に浮いた闘技場の上で、プレイヤー同士が対戦できるようにします。闘技場の下は陰になるため、ゲームモードが[ピース]以外ではモンスターが発生します。[海のランタン]でモンスターの発生を防ぐようにしましょう。

間違った場合は？

[空気]ブロックのy座標の範囲を変更しないまま使うと、直前で並べた[海のランタン]ブロックがすべて削除されてしまいます。手順3を参考に、ブロックを並べる高さを忘れずに変更しましょう。

ヒント より多くの[空気]ブロックを並べるには

[ブロックを並べる]ブロックで一度に並べられるブロックの数は32768個までと決まっています。とても多いように思えますが、手順2で並べる[海のランタン]は43×43=1849個なので、同じ面積の場合は高さ17ブロックまでしか並べられません。もしそれ以上の高さにしたいときは、[ブロックを並べる]ブロックをもう1つ追加し、y軸の範囲で17ブロック以降の高さを指定します。

43 ブロックを並べる

できる 153

闘技場を作るには

文字を描く

上空に対戦用の闘技場を作る

レッスンで使う練習用ファイル
L44.mkcd

このレッスンでは、プレイヤーの上空に闘技場を作ります。ゲームモードが［サバイバル］や［アドベンチャー］のときに闘技場から落下すると死亡する高さにします。また、装飾として「BATTLE AREA」の文字を上空に描きます。なお、このコマンドは［海のランタン］を敷き詰める動きに連続して実行します。レッスン43の座標から移動してしまった場合は、十分に離れた場所に移動してからコマンドを実行しましょう。

関連レッスン

| レッスン28 | 養鶏場を作るには | P.102 |
| レッスン35 | 農地を作るには | P.126 |

キーワード

アドベンチャー	P.213
ゲームモード	P.214
サバイバル	P.214

第8章 友達と対戦バトルを楽しもう

Before

［海のランタン］を敷き詰めた場所の上空に、長さと幅が1ブロックずつ短い闘技場を作る

After

32ブロック上空に闘技場を作り、「BATTLE AREA」の文字を「グロウストーン」で描く

1 丸石ブロックを並べる

レッスン9を参考に1つ上の［ブロックを並べる］を複製しておく

1 ここに接続
2 クリックして［丸石］を選択
3 「-20」「30」「-20」と入力
4 「20」「31」「20」と入力

ヒント トラップタワーにも応用できる

上空に一定の大きさのフィールドを作るプログラムは、トラップタワーなどを作るときに応用できます。トラップタワーはモンスターを発生させて高いところから落とし、アイテムや経験値を得るための装置です。

2 文字を描くブロックを接続する

1 [ブロック]カテゴリーをクリック
2 [文字を描く]ブロックをクリックして選択

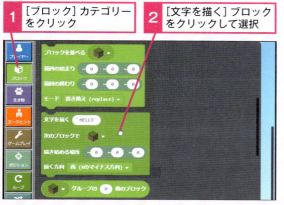

3 ここに接続

3 文字とブロックを指定する

1 ここをクリックして「BATTLE AREA」と入力

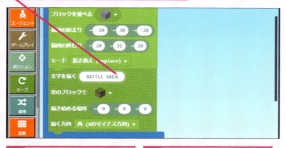

2 クリックして[グロウストーン]を選択
3 「35」「42」「32」と入力

ヒント [文字を描く]ブロックで日本語は使えない

[文字を描く]ブロックを使うとワールドの好きなところにブロックで文字を描けます。ただし、入力できるのは半角の英数字と記号のみで、日本語は使えないことに注意しましょう。文字を描くには文字列、描き始める場所の座標、文字を描く方角を設定します。文字列が長いほど描かれる文字も長くなり、実行に時間がかかります。

間違った場合は？

[文字を描く]ブロックが作った文字がほかのブロックに重なってしまうことがあります。もし闘技場に重なってしまったときは、正しい座標と方向を設定し直して別の場所でコマンドを実行しましょう。

ヒント ブロックの明るさを覚えておこう

マインクラフトには発光するブロックやアイテムが数種類あります。それぞれ明るさが異なるので覚えておきましょう。[海のランタン]や[グロウストーン]はゲームモードが[サバイバル]のときは入手困難ですが、[たいまつ]よりも明るいという特長があります。

44 文字を描く

レッスン 45 座標を変数で置き換えるには

座標を変数で置き換える

プレイヤーの座標を変数にする

この章で作るプログラムは、まずプレイヤーが闘技場を作り、次にプレイヤーの座標に同じワールドでマルチプレイ中のほかのユーザーをテレポートさせます。このときプレイヤーの位置がずれてしまうと、プログラムが正常に動作しません。そこで、プレイヤーの座標を変数で置き換えて、プレイヤーが移動してもプログラムが正確に実行されるようにします。

レッスンで使う練習用ファイル
L45.mkcd

関連レッスン
- レッスン16　変数を使うには ……………… P.54
- レッスン22　建物を建てる準備をしよう ……………… P.82

キーワード
座標	P.214
テレポート	P.215
ワールド座標	P.216

ヒント｜ワールド座標の値を固定する

[ブロックを並べる]ブロックなどで指定する座標は、プレイヤーの位置を中心にした相対座標が使われます。このプログラムではプレイヤーが闘技場を作る際の座標と、闘技場にほかのユーザーをテレポートさせる際の座標、ゲームオーバーの際に闘技場の下にテレポートする際の座標がすべて同じ必要があります。このため、闘技場を作る際の座標を変数に置き換え、プレイヤーが移動しても座標の値が保たれるようにします。

1 新しい変数を作る

レッスン16を参考に、[作成する変数の名前:]ウィンドウを表示しておく

1　「fieldcentor」と入力

2　[OK]をクリック

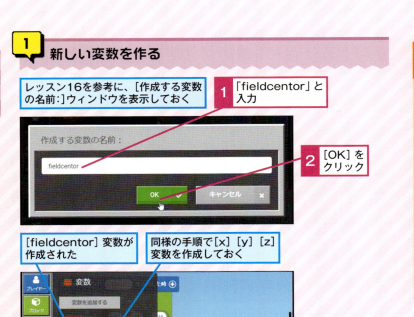

[fieldcentor]変数が作成された

同様の手順で[x][y][z]変数を作成しておく

第8章 友達と対戦バトルを楽しもう

156 できる

ワールド座標のブロックを接続する

1 レッスン16を参考に[変数[変数]を[0]にする]ブロックを接続

2 ここをクリック

3 [fieldcentor]をクリック

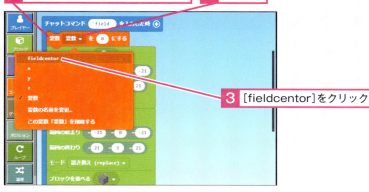

4 [ポジション]カテゴリーをクリック

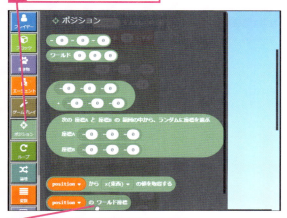

5 [[position]のワールド座標]をクリック

6 ここに組み込む

 ヒント | ワールド座標とは

ワールド座標とは、マインクラフトのワールド内での絶対座標のことです。ブロックやプレイヤーがワールド内のどの位置にあるかを表しており、ワールド内のある1点のみを指します。相対座標とワールド座標については、レッスン22のテクニックを参照してください。

間違った場合は？

手順2で選択する[[position]のワールド座標]ブロックは、[[position]から[x(東西)]の値を取得する]ブロックと似ているので間違えないように注意が必要です。間違ってしまったときはブロックを削除して、正しいブロックを選択し直しましょう。

ヒント | 変数[position]は自動で生成される

手順6で[position]のワールド座標]ブロックをほかのブロックに接続すると、[変数]カテゴリーに変数[position]用のブロックが自動的に生成されます。今回は使用しませんが、変数[position]を使うとプレイヤーやブロックの座標をまとめて取得できます。

3 プレイヤーの座標を中心点にする

1 [position] をクリックしてここにドラッグ

[position] ブロックが削除された

2 [プレイヤー] カテゴリーをクリック

3 [プレイヤーの位置] をクリック

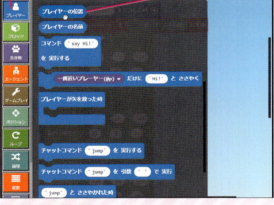

4 ここに組み込む

ヒント 変数に不備があるとエラー表示が出る

変数が適切な場所に入っていないなど、プログラムの構文にエラーがあると、該当するブロックの先頭に「！」のマークが表示されます。エラーが表示されたときは、ブロックの内容をよく確認して修正しましょう。

構文にエラーがあると表示される

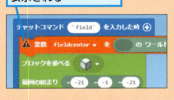

間違った場合は？

[プレイヤー] カテゴリーの [プレイヤーの位置] ブロックと [プレイヤーの名前] ブロックは名前と見ためが非常に似ているので注意しましょう。それぞれ役割が異なるので、違うブロックを配置してしまったときは正しいブロックを配置し直しましょう。

第8章 友達と対戦バトルを楽しもう

4 座標の数値を変数にする

1 [変数[変数]を[0]にする]を接続
2 ここをクリック
3 [x]をクリック

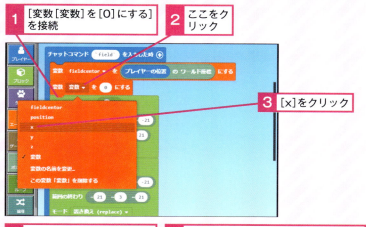

4 [ポジション]カテゴリーをクリック
5 [position]から[x(東西)]の値を取得する]をクリック

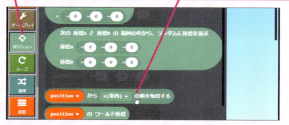

6 ここに組み込む
7 ここをクリック
8 [fieldcentor]をクリック

同様の手順で[y]と[z]変数も設定する

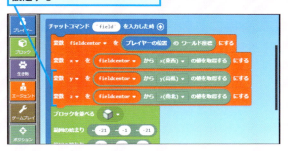

ヒント｜座標をxyzの要素に分解する

手順4ではプレイヤーのワールド座標をx、y、zそれぞれの変数に置き換えます。[position]から[x(東西)]の値を取得する]ブロックを使うと、プレイヤーのワールド座標からx座標だけを取り出して変数に置き換えます。同様にy座標、z座標の数値を変数に置き換えて、続くレッスンで計算に使います。

間違った場合は？

手順4で変数[x][y][z]に正しい座標を指定しないとプログラムが誤動作します。変数と座標が正確に対応しているかどうか、確認しながら作業しましょう。間違った場合は、正しい変数と座標を選択しましょう。

ヒント｜ブロックを複製して作ろう

手順4で作った[変数[x]を[[fieldcentor]から[x(東西)]の値を取得する]にする]ブロックは、3重の入れ子になっているため作るのに手間がかかります。y座標、z座標のブロックを作るときは、x座標用のブロックを複製して接続し、変数[x]の部分と[x(東西)]の部分をクリックして変更しましょう。

座標を変数で置き換える

レッスン 46 ブロックの座標を変数にするには

ワールド座標でブロックを並べる

計算ブロックと変数を組み合わせる

このレッスンでは［ブロックを並べる］ブロックや［文字を描く］ブロックで指定している座標を変数に置き換えます。プレイヤーからの相対座標ではなくワールド座標と変数を組み合わせることで、プログラムの実行中にプレイヤーが移動しても闘技場や文字が作成される位置が変わらないようにします。二重、三重に入れ子になったブロックをいくつも使うので、ブロック群を複製して効率良く作業しましょう。

レッスンで使う練習用ファイル
L46.mkcd

関連レッスン

| レッスン 26 | ピラミッドの長さを自由に設定するには | P.92 |
| レッスン 45 | 座標を変数で置き換えるには | P.156 |

キーワード

スポーン	P.214
相対座標	P.214
ワールド座標	P.216

1 ワールドのブロックを組み込む

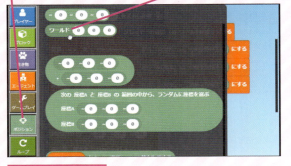

1 ［ポジション］カテゴリーをクリック
2 ［ワールド［0］［0］［0］］をクリック
3 ここに組み込む

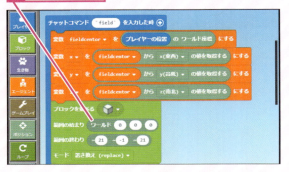

ヒント｜ワールド座標と変数を組み合わせる

［ブロックを並べる］ブロックのように座標を指定して使うブロックは、プレイヤーからの相対座標を入力するようになっています。このレッスンではプレイヤーの初期位置を格納した変数［x］［y］［z］を［ワールド［0］［0］［0］］ブロックに組み込んで、相対座標と同じ位置関係になるように設定します。

間違った場合は？

［ワールド［0］［0］［0］］のブロックを組み込むのを忘れても、手順通りに進められます。ただし、プログラムを実行しても正しい処理が行われません。相対座標とワールド座標の切り替えは見落としがちな部分なので、十分に注意しましょう。

第8章 友達と対戦バトルを楽しもう

2 計算ブロックと変数ブロックを組み込む

1 レッスン26を参考に［0］［-］［0］を組み込む

2 ［x］ブロックを組み込む

3 「21」と入力

4 同様の手順で［[y]［-］［1]］と［[z]［-］［21]］の組み合わせを作成

5 同様の手順で［[x]［+］［21]と[y]［+］［1]と[z]［+］［21]］の組み合わせを作成

ヒント｜座標の要素ごとに変数を指定する

手順2では絶対座標の変数を使って、相対座標の指定が絶対座標になるように置き換えています。ブロックを並べる範囲の始まりと終わり、それぞれの「x」「y」「z」の座標すべてを置き換える必要があるので慎重に作業しましょう。

間違った場合は？

計算ブロックの中で指定する「変数」「算術記号」「数値」の1つでも間違えるとプログラムが正しく動作しません。相対座標のときの数値［-21］［-1］［-21］を元に正しく入力しましょう。間違った場合は、修正したい部分をクリックして変更します。

クリックしてほかの値を選択できる

次のページに続く

3 ほかのブロックも置き換える

1 手順2を参考に[[x] [-] [21]と[y] [+] [3]と[z] [-] [21]]に変更

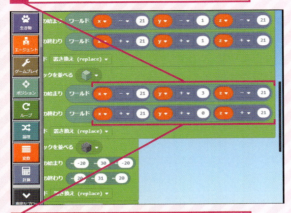

2 手順2を参考に[[x] [+] [21]と[y] [+] [0]と[z] [+] [21]]に変更

3 手順2を参考に[[x] [-] [20]と[y] [+] [30]と[z] [-] [20]]に変更

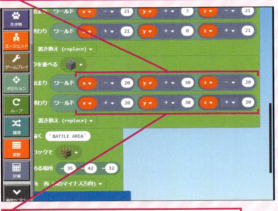

4 手順2を参考に[[x] [+] [20]と[y] [+] [30]と[z] [+] [20]]に変更

5 手順2を参考に[[x] [+] [35]と[y] [+] [42]と[z] [+] [32]]に変更

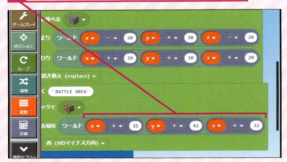

ヒント ブロックを複製して作ろう

各座標のブロックは3つのブロックが入れ子になっているため、1つずつ作業すると手間がかかります。最初に作成したブロックの[ワールド]の辺りを右クリックしてブロックの固まりを複製し、ほかの座標に組み込んでから算術記号や数値を変更すると効率良く作業を進められます。

[ワールド]の上を右クリックする

ヒント 文字を描くブロックの座標も置き換える

文字を描くブロックの座標も忘れずにワールド座標に変更しましょう。相対座標が設定されたままだと、プレイヤーが移動したときに文字が描画される場所が変わってしまうので注意しましょう。

4 プレイヤーの初期位置を変更する

1 [プレイヤー]カテゴリーをクリック

2 [コマンド ["say Hi!"] を実行する]ブロックをクリック

3 ここに接続

4 「setworldspawn ~ ~ ~」と入力

ヒント スポーン地点をコマンドで指定する

[setworldspawn~ ~ ~]のコマンドを使うと、プレイヤーが死亡したときに復活するスポーン地点を変更できます。ここでは闘技場を作るコマンド「field」を実行したときに、プレイヤーのスポーン地点を現在の座標に設定するようにしています。対戦バトルの途中でプレイヤーが死亡した場合は、闘技場の下の[海のランタン]の中央に復活します。

間違った場合は？

マインクラフトのコマンドは、スペルを1文字でも間違ってしまうと実行されません。手順4で入力するコマンドは「set」「world」「spawn」「~ ~ ~」をスペースなしでつなげたものなので、意味のある区切りのスペルを確認しながら入力しましょう。

テクニック

コマンドを確認してみよう

マインクラフトには、MakeCodeがなくても実行できるさまざまなコマンドが用意されています。MakeCodeにはそのコマンドを直接実行できるブロックが用意されており、プログラミングの自由度を高めています。マインクラフトに用意されているコマンドは、ワールドを表示して入力モードが[半角英数]の状態で/キーを押すと一覧で表示されます。中には、MakeCodeで表示されないブロックを与えられる「give」のほか、海底神殿や要塞などを検索する「locate」など強力なコマンドがあります。

表示されたコマンドを入力すると、さらに詳しいコマンドが表示される

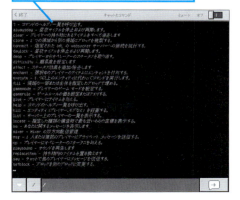

レッスン 47 プレイヤーを闘技場にテレポートさせるには

現在の位置からテレポートする

闘技場を作ってからテレポートする

プレイヤーが闘技場を作った後、別のチャットコマンドを実行して［海のランタン］のステージから闘技場にテレポートできるようにします。テレポートを実行するブロックは［現在の位置から~［0］~［0］~［0］］にテレポートする］を使いますが、各種ブロックを並べたときと同様に、相対座標を絶対座標に変更する必要があります。このため、チャットコマンドを実行した直後で変数［x］［y］［z］を定義し、テレポートにもワールド座標を使います。

レッスンで使う練習用ファイル
L47.mkcd

関連レッスン
- レッスン22 建物を建てる準備をしよう ……… P.82
- レッスン46 ブロックの座標を変数にするには ……… P.160

キーワード
テレポート	P.215
変数	P.216
ワールド座標	P.216

Before: 別の場所に移動して、闘技場とその下の床を作る

After: 続けてコマンドを入力することで、闘技場の真上の場所にテレポートする

1 コマンドを設定する

1 レッスン8を参考に［チャットコマンド［"jump"］を入力した時］をここに設置

2 「start」と入力

ヒント 決まった位置にプレイヤーを移動させる

このレッスン以降で作成するプログラムは、対戦バトルを実行する内容になります。闘技場を作成するときに設定した変数［fieldcentor］をワールド座標を組み合わせて、プレイヤーの座標を正確に保ちましょう。

2 座標を変数に置き換える

1 レッスン46を参考にプレイヤーの座標を変数に置き換え

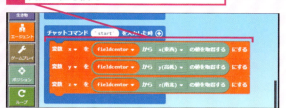

3 テレポートの準備をする

1 [プレイヤー]カテゴリーをクリック

2 [現在の位置から[~[0]~[0]~[0]]にテレポートする]をクリック

3 ここに接続

4 [ワールド[0][0][0]]を組み込む

5 [x]を組み込む

6 レッスン46を参考に[[y][+][32]]を組み込む

7 [z]を組み込む

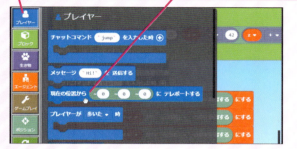

ヒント：プログラムを変更すると変数がリセットされる

プログラムを停止したり変更を加えたりすると、プログラムで使っているすべての変数がリセットされます。この章のプログラムでは「field」で闘技場を作った後にプログラムを修正すると、続けて「start」を実行しても正確に動きません。プログラムの効果を確認したいときは、別の場所に移動して「field」と「start」を続けて実行しましょう。

間違った場合は？

手順3の操作4で[ワールド[0][0][0]]のブロックを組み込み忘れると、プログラムが正常に動作しなくなります。間違いやすいので、忘れずに組み込みましょう。

ヒント：マイクラフトのコマンドの代わりになる

[現在の位置から~[0]~[0]~[0]にテレポートする]ブロックは、マインクラフトのテレポート用コマンド「/tp @ s」と同じ動作をします。マインクラフトの場合は座標を直接入力するのに対し、MakeCodeのプログラムは変数を使えるため、より複雑な操作ができます。

レッスン 48 ワールドの天候と時間を指定するには

[ゲームプレイ] カテゴリー

天候と時間を毎回同じにする

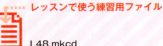
レッスンで使う練習用ファイル
L48.mkcd

関連レッスン
| レッスン 3 | マインクラフトを設定しよう | P.20 |
| レッスン 50 | ゲームの設定を関数にするには | P.172 |

キーワード
PvP	P.213
カテゴリー	P.213
ティック	P.215

レッスン3で新しいワールドを作成したときに時間を固定しましたが、日中から対戦バトルを開始し、夕方にゲームオーバーになるように設定を変更します。また、雨や雷雨などの場合は太陽の動きが見えにくくなるため、天候は晴れに固定します。それぞれ [ゲームプレイ] カテゴリーのブロックを使って設定しましょう。

Before
マインクラフトの世界では天候と時間が変化し、雷雨の際にはモンスターが発生する

After
天候と開始時間を固定し、日中に対戦バトルを開始して夕方に対戦バトルが終了するようにする

第8章 友達と対戦バトルを楽しもう

1 [ゲームプレイ] カテゴリーを開く

1 [ゲームプレイ]カテゴリーをクリック
2 [現在の天気を[晴れ]にする]をクリック

ヒント 天候や時刻、難易度を変更できる

[ゲームプレイ] カテゴリーには、マインクラフトのワールドの設定を変更できるブロックがまとめて格納されています。ワールドの天候や時刻、難易度などを自由に設定できます。

2 天気を晴れに指定する

1 ここに接続

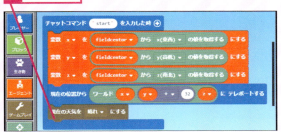

3 ゲーム内の時刻を指定する

1 [ゲーム内の時刻を[日中]に変更する]を接続
2 ここをクリック
3 [真昼]をクリック

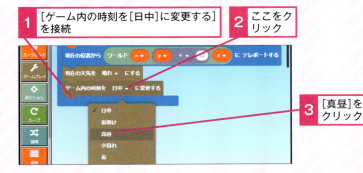

4 昼夜が変わるようにする

1 [ゲームルール[PvP]を[偽]にする]を接続
2 ここをクリック
3 [昼夜のサイクル]をクリック
4 ここをクリック
5 [真]をクリック

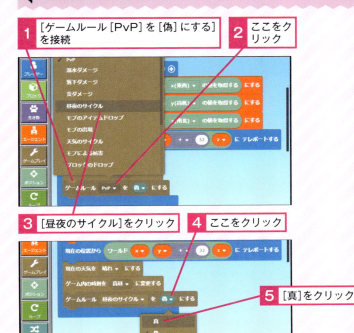

ヒント｜ゲーム内の時刻とは

マインクラフトには「ティック」と呼ばれる時間のようなものが設定されています。マインクラフトのプレイ中はティックの数値が上がっていき、連動してワールド内の時間が変化します。1日は24000ティックとして定義されています。

■ワールド内の時間単位

表記	ティック
日中	1000
夜明け	0
真昼	6000
夕暮れ	12000
夜	14000
真夜中	18000

ヒント｜[設定]の内容を変更できる

[ゲームルール[PvP]を[偽]にする]ブロックを使うと、マインクラフトの[ゲーム設定]で指定する内容を変更できます。さらに落下ダメージや炎によるダメージの有無など、[ゲーム設定]にはない設定も調整できます。

参加者の装備を変更するには

プレイヤーにアイテムを渡す

対戦バトル参加者の装備を統一する

対戦バトルを始める前に、参加するプレイヤーの装備を統一して不公平がないようにしておきます。このレッスンでは、マルチプレイでワールドを訪れているプレイヤーの持ち物を一度すべて消去し、全員に同じ［木の剣］と［ダイヤモンドの胸当て］が配られるようにプログラミングします。

レッスンで使う練習用ファイル
L49.mkcd

関連レッスン

| レッスン46 | ブロックの座標を変数にするには | P.160 |
| レッスン56 | ゲーム終了時の設定を関数でまとめるには | P.194 |

 キーワード

エンティティ	P.213
マルチプレイ	P.216
持ち物	P.216

プレイヤーを別の場所に移動して闘技場を作っておく

闘技場の上にテレポートした後に武器と防具を渡す

1 コマンドを設定する

レッスン46を参考に［コマンド ["say Hi!"] を実行する］を接続しておく

1 「clear @a」と入力

ヒント｜全員の装備を解除する

マインクラフトのコマンド「clear」を使うと、プレイヤーの［持ち物］にあるアイテムをすべて消去します。「@a」はすべてのプレイヤーを意味するパラメーターです。一度消去されたアイテムは復旧できないので、マルチプレイに参加するプレイヤーにはあらかじめ伝えておきましょう。

2 全員にアイテムを渡す

1 [生き物] カテゴリーをクリック

2 [次の対象 [いちばん近いプレーヤー (@p)] ターゲットに を [1]つ渡す]をクリック

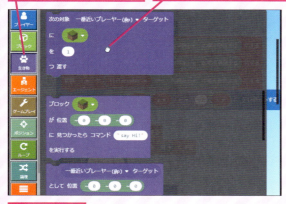

3 ここに接続

4 ここをクリック

5 [全てのプレーヤー (@a)]をクリック

ヒント [生き物] カテゴリーからブロックを選ぶ

ほかのプレイヤーにアイテムを配布するためのブロックは、[生き物] カテゴリーに格納されています。このカテゴリーには自分以外のプレイヤーや、動物やモンスターなどを対象にするブロックがまとめられています。

間違った場合は？

[次の対象 [いちばん近いプレーヤー (@p)] ターゲットに を [1]つ渡す] ブロックは、すぐ下にある [[ブロック] が位置 [[~0] [~0] [~0]] に見つかったらコマンド ["say Hi!"] を実行する] ブロックと形がよく似ています。間違って選んでしまった場合は、プログラミングエリアからブロックを削除して、正しいブロックを選び直しましょう。

ヒント エンティティとは

エンティティとは破壊や構築以外の操作で座標が変わってしまうブロック全般を指します。プレイヤーや動物、モンスターなど自身が動くものや、トロッコやボートなど動力や操作によって動くものもエンティティと総称されます。また、チェストや剣、ツルハシなどの道具もエンティティに含まれます。

プレイヤーにアイテムを渡す

次のページに続く

3 ブロックを木の剣に変更する

1 [ブロック] カテゴリーを クリック

2 [アイテム] を クリック

3 ここに組み込む

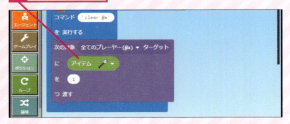

4 ここをクリック　　5 [木の剣]をクリック

ヒント　アイテムも指定できる

[次の対象［いちばん近いプレーヤー（@p）］ターゲットに　を［1］つ渡す］ブロックは、初期状態ではブロックが組み込まれていますが、[ブロック]カテゴリーにある[アイテム]ブロックを組み込むとアイテムを渡せるようになります。ほかにも［アイテム］ブロックが組み込めるブロックがいくつかあるので、置き換えられそうな部分は試してみましょう。

ヒント　鉄製品はバラバラに並んでいる

アイテムは基本的に原料となる素材の順番で並んでいます。ただし、[鉄の剣]や[鉄のツルハシ]など鉄を原料とするアイテムはバラバラになっています。鉄製品を探したいときは、検索ボックスをクリックして「鉄」のキーワードで鉄製品を探しましょう。

「鉄」で検索すると絞りこめる

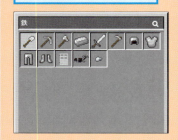

第8章　友達と対戦バトルを楽しもう

4 [ダイヤモンドの胸当て] を配布する

1 レッスン9を参考にこのブロックを複製
2 ここに接続

3 手順4を参考に [ダイヤモンドの胸当て] を選択

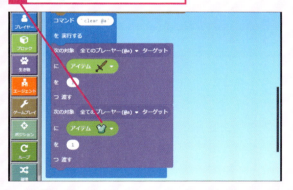

> **ヒント** ダメージが少ない組み合わせにしよう
>
> 対戦バトルでは攻撃力が高い武器を装備すると、お互いが受けるダメージが多くなって死亡しやすくなります。このプログラムはある程度白熱したバトルにするため、攻撃力が低い [木の剣] と防御力が高い [ダイヤモンドの胸当て] の組み合わせを選びました。プログラムが完成したら、ほかの武器や防具の組み合わせも試してみましょう。

テクニック

アイテムは最大2304個受け取れる

プレイヤーの [持ち物] は36スロットあり、何も持っていないときは36種類のアイテムを受け取れます。アイテムやブロックの種類によって1つのスロットに入れられる分量は決まっており、[草ブロック] や [丸石] など固体のブロックであれば64個入れられます。手順2で設定したアイテムを渡すブロックを使うと、[持ち物] の上限を超えたアイテムの数を指定できますが、2304個以上は処理されないことに注意しましょう。

どのプレイヤーも64×36個より多くは所持できない

ゲームの設定を関数にするには

関数で置き換える

対戦バトルの設定をまとめる

このレッスンでは、ゲームモードの変更やほかのプレイヤーにアイテムを配布する動作などをまとめて関数にします。意味のある一連の動作を関数で整理すると、プログラムの全体を参照したときに分かりやすくなります。関数を作った後は、それを実行するブロックを忘れずに適切な場所に接続しましょう。

レッスンで使う練習用ファイル
L50.mkcd

関連レッスン

| レッスン39 | 関数で動きをまとめるには | P.134 |
| レッスン40 | コマンドに関数を呼び出すには | P.140 |

キーワード

関数	P.213
ゲームモード	P.214
テレポート	P.215

1 新しい関数を作る

レッスン39を参考に、[新たに作成する関数の名前:]ウィンドウを表示しておく

1 「doGameSetting」と入力

2 [OK]をクリック

関数[doGameSetting]のブロックが表示された

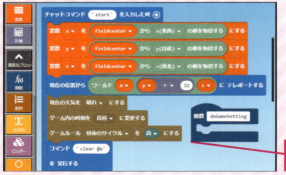

3 ドラッグしてここに移動

ヒント

対戦バトルの設定を後から調整できる

このレッスンで作る関数は、対戦バトルが始まるまでの設定をまとめた内容となります。関数に含める範囲をよく確認して作業しましょう。対戦バトルの設定を変更したい場合に、関数だけを調整すればいいようにします。

間違った場合は？

ブロックを移動するときに違う場所をクリックしたり、別のブロックに接続してしまったときは[元に戻す]ボタンをクリックして移動前の状態に戻しましょう。また、改めて作業をする前に、抜け落ちたブロックがないか念のため確認してください。

第8章 友達と対戦バトルを楽しもう

2 ゲームの設定を関数にまとめる

1 ここをクリック

2 ドラッグしてここに接続

ゲームの設定が[doGameSetting]のブロックにまとめられた

3 関数を呼び出すブロックを接続する

1 レッスン40を参考に[関数を呼び出す[doGameSetting]]をここに接続

ヒント　作成済みのブロックを選択する

このレッスンでは、レッスン48とレッスン49で作ったブロックをまとめます。作成した関数を呼び出して実行すると、ワールドの天候と時間が設定されてから、プレイヤーの持ち物が変更されます。

ヒント　同じように動くかを確認しよう

プログラムの一部を関数で置き換えたときは、元のプログラムと同じように正しく動作するかを確認しましょう。チャットコマンドで「field」と入力して闘技場を作成してから「start」と入力します。プレイヤーが闘技場にテレポートして武器と防具を受け取れば、関数が正しく機能しています。

何もない場所でコマンドを実行する

50 関数で置き換える

レッスン 51 マグマをランダムに発生させるには

ブロックをある地点に置く

闘技場にマグマの滝を作る

バトルに緊張感を出すため、闘技場の上空から溶岩を滝のように降らせます。発生する場所はランダムにしますが、闘技場以外にマグマが出現しないように調整します。闘技場を作ったときと同様にワールド座標を使い、プレイヤーが移動しても溶岩の滝が出現する範囲が変わらないように設定します。

レッスンで使う練習用ファイル
L51.mkcd

関連レッスン

| レッスン 30 | ニワトリをランダムな場所に出現させるには | P.108 |
| レッスン 45 | 座標を変数で置き換えるには | P.156 |

キーワード

変数	P.216
ランダム	P.216
ワールド座標	P.216

Before: プレイヤーを別の場所に移動させて闘技場を作っておく

After: [start]コマンドの実行で、闘技場の上のみマグマの滝が出現する

1 ブロックを選択する

1. [ブロック]カテゴリーをクリック
2. [ブロックを[~[0]~[0]~[0]]の地点に置く]をクリック

ヒント ブロックを任意の場所に置ける

[ブロックを~[0]~[0]~[0]の地点に置く]ブロックを使うと、指定した座標にブロックを1つだけ置けます。[ブロックを並べる]ブロックとの違いを覚えておきましょう。

第8章 友達と対戦バトルを楽しもう

2 [溶岩] ブロックを選ぶ

1 [ブロックを[~ [0] ~ [0] ~ [0]]の地点に置く]をここに接続
2 ここをクリック

3 [溶岩]をクリック

ヒント [水] ブロックでも代用できる

[溶岩] ブロックの代わりに [水] ブロックで滝を作ることもできます。[溶岩] ほど致死率は高くありませんが、闘技場の下に水が流れ落ちるので、プレイヤーは流されないように移動し続ける必要があります。[溶岩] ブロックと [水] ブロックを使ったときの違いは、177ページのテクニックも参照してください。

3 ランダムな座標を設定する

1 [ポジション]カテゴリーをクリック
2 [次の座標Aと座標Bの範囲の中から、ランダムに座標を選ぶ]をクリック

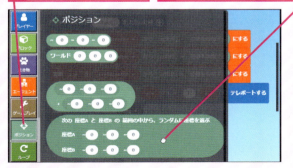

3 ここに組み込む

ヒント 闘技場の中にのみマグマが流れるようにする

[溶岩] ブロックは落下してほかのブロックに接すると、4ブロックまで広がる性質があります。このレッスンでは闘技場から [溶岩] がこぼれ落ちないように、闘技場の端から5ブロックずつ内側に [溶岩] の滝が出現するように設定します。

[溶岩] ブロックはあまり広がらない

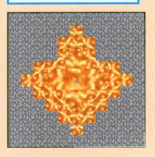

次のページに続く

ブロックをある地点に置く

できる 175

4 ワールド座標に変更する

1 レッスン46を参考に［ワールド［0］［0］［0］］を組み込む

ヒント　プレイヤーの頭上1ブロックから発生させる

［溶岩］ブロックが発生する範囲は、最も低い部分でプレイヤーの頭上1ブロックに設定します。溶岩は粘度が高くゆっくりと流れるため、仮にプレイヤーの頭上に出現しても素早く回避できます。なお、対戦バトルをプレイするときは周囲の状況を把握するため、三人称視点に変更するといいでしょう

正面以外の溶岩にも気を付けよう

5 変数を使って数値を指定する

1 レッスン46を参考に［［x］［-］［15］］と［［y］［+］［32］］と［［z］［-］［15］］に設定

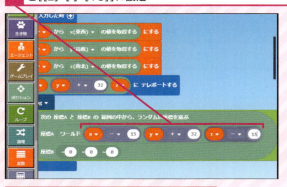

2 手順4を参考に［ワールド［0］［0］［0］］を組み込む

3 レッスン46を参考に［［x］［+］［15］］と［［y］［+］［45］］と［［z］［+］［15］］に設定

ヒント　闘技場のほぼ全体がマグマに覆われる

［溶岩］ブロックが発生する範囲の指定後は、手順6で繰り返し処理を設定します。ゲームが終了するまで絶え間なく繰り返させるため、闘技場は縁の部分を除いてマグマに覆われます。

第8章　友達と対戦バトルを楽しもう

6 繰り返し処理に設定する

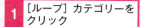

1 [ループ] カテゴリーを クリック

2 [もし[真]ならくりかえし] ブロックをクリック

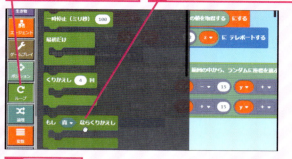

3 ここに接続

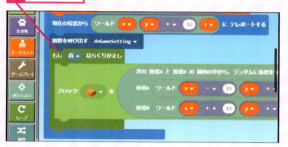

ヒント [溶岩]の発生を一定の間隔にできる

[溶岩] が闘技場を埋め尽くす時間をゆっくりにすると、より緊迫感のあるバトルが楽しめます。[ループ] カテゴリーの [一時停止（ミリ秒）[100]] ブロックを、[溶岩] ブロックを発生させる処理の直後に接続します。[100] に「1000」を入力すると1秒、「10000」を入力すると10秒間隔で [溶岩] が発生するようになります。

1秒ごとに[溶岩]が発生する

テクニック

闘技場の様子を確認しよう

何もない場所に移動してから、「field」「start」の順にコマンドを入力すると、闘技場が作られてプレイヤーがワープし、頭上から [溶岩] の滝が降り注ぎます。[space]キーを2回押して空を飛び、離れた所から闘技場の様子を確認してみましょう。下の画面のように、[溶岩] の場合は闘技場の隅に安全地帯ができ、[水] の場合はプレイヤーが流されて落下する可能性が高くなっています。

[溶岩] ブロックの場合、闘技場の一番外側1ブロックと4隅は安全

[水] ブロックの場合は闘技場の4隅以外は下に流される

レッスン 52 ゲームオーバーの設定を作るには

ゲームオーバーを設定する

変数を使って条件分岐を作る

対戦バトルがゲームオーバーになる条件として、まずはプレイヤーが死亡したときを設定します。プレイヤーが生き延びた場合も、ほどよいタイミングで対戦バトルが終わるように夕方になったらゲームが終了するようにプログラミングします。変数［gameover］を作成して、それぞれの条件を作りましょう。

レッスンで使う練習用ファイル
L52.mkcd

関連レッスン

| レッスン 17 | たいまつを4回に一度設置するには | P.56 |
| レッスン 31 | エージェントの動きを作るには | P.110 |

繰り返し処理　　　　P.213
条件分岐　　　　　　P.214
フラグ　　　　　　　P.215

第8章　友達と対戦バトルを楽しもう

「start」コマンドで闘技場にテレポートしたら、隅に移動しておく

夕方になったらゲームが終了するように設定する

1 新しい変数を作る

レッスン16を参考に、［作成する変数の名前:］ウィンドウを表示しておく

1 「gameover」と入力

2 ［OK］をクリック

ヒント　変数［gameover］の内容を確認しよう

変数［gameover］はプレイヤーが死亡したときと、ワールドの時間が夕方になったときに「真」になるように設定します。ゲーム内で繰り返し処理となっている［溶岩］の滝に関しては、次のレッスンで消去します。

178　できる

2 プレイヤーが死んだときの設定をする

1 [プレイヤー] カテゴリーをクリック
2 [プレイヤーが死んだ時] をクリック

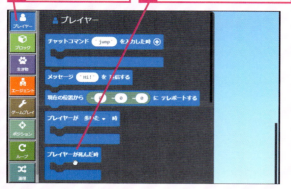

3 ここに設置
4 [変数[変数]を[0]にする]を接続

3 ゲームオーバーを設定する

1 ここをクリック
2 [gameover]をクリック

3 [論理] カテゴリーをクリック
4 [真] をクリック

5 ここに組み込む

ヒント｜さまざまなタイミングで処理を実行できる

[プレイヤー] カテゴリーにはさまざまなタイミングでプログラムが実行できるブロックが用意されています。[プレイヤーが死んだ時] ブロックもそうしたブロックの1つで、プレイヤーが死亡したときに接続されたブロックが実行されます。ゲームモードが [クリエイティブ] の場合は実行されないので注意しましょう。

ヒント｜ほかのプレイヤーが死亡してもゲームオーバーにならない

MakeCodeには、ほかのプレイヤーの状況を知るためのブロックが用意されていません。このため、MakeCodeを実行しているワールドのプレイヤーが死亡したときのみ、終了する条件として設定できます。ほかのプレイヤーが全滅しても対戦バトルは終了せず、MakeCodeを実行しているプレイヤーが死亡した場合は、ほかのプレイヤーが全員生き残っていても終了します。

ヒント｜変数で「フラグ」を作る

変数 [gameover] は数値を設定するのではなく、ゲームオーバーの条件を満たすかどうかを表すために使います。このため [論理] カテゴリーの [真] のブロックを組み込み、プレイヤーが死亡したときにゲームが終了するという条件を作っています。変数のこのような使い方を「フラグ」といいます。

次のページに続く

4 条件の準備をする

1 [論理]カテゴリーをクリック
2 [もし[真]なら]をクリック

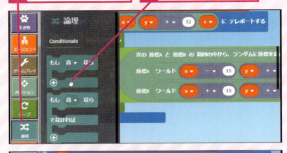

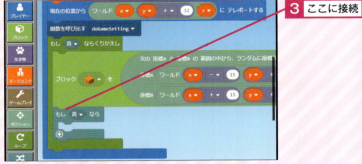

3 ここに接続

4 レッスン31を参考に[[0][=][0]]を組み込む

5 ゲーム時間のブロックを組み込む

1 [ゲームプレイ]カテゴリーをクリック
2 [次の時間を確認する[ゲーム時間]]をクリック

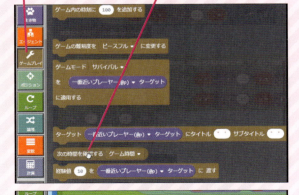

3 ここに組み込む

間違った場合は？

条件分岐のブロックを[もし[真]ならくりかえし]の外側に接続してしまうと、ゲームは終了しません。手順4の操作3をよく確認して、接続する位置を間違えないようにしましょう。なお、複雑な入れ子になっているブロックが表示されているとき、[元に戻す]ボタンをクリックすると、画面の表示が崩れる場合があります。間違えてしまった場合は手作業で慎重に修正しましょう。

ヒント ゲーム時間とは

[ゲーム時間]にはワールドが作られてからの経過時間がティック数で記録されています。ワールドが[常に昼間]に設定されている場合は変化しません。

6 時間を設定する

1 ここをクリック
2 [日中]をクリック

3 ここをクリック
4 [>]をクリック

5 「12000」と入力

ヒント｜上の［日中］を選択する

[次の時間を確認する]ブロックには「日中」が2つあります。上の「日中」（DayTime）はワールドの現在時刻を示す値で、「夜明け」（0）からのティック数が設定されます。下の「日中」（Day）はワールドを作ってからの経過日数が設定されています。

ヒント｜正しい比較演算子を選ぼう

手順6で設定する条件は、操作4で選択する比較演算子によってまったく結果が異なってしまうので気を付けてください。ここではゲーム内の時刻が「夕暮れ（12000ティック）」よりも大きくなったときに変数［gameover］を「真」にするため「>」を選びます。「=」を選ぶと12000ティックに達した一瞬だけしかプログラムが実行されないので注意しましょう。

7 ゲームオーバーを設定する

1 手順3を参考に［変数［gameover］を［真］にする］を接続

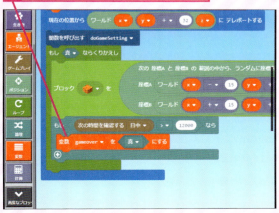

ヒント｜ゲームオーバー後には何も起こらない

このレッスンではゲームオーバーの条件のみを設定しました。ゲームオーバーのときに何が起こるかについては、レッスン53以降で設定していきます。

52 ゲームオーバーを設定する

できる 181

レッスン 53 ゲームの終了後に マグマを除去するには

空気ブロックを並べる

メインループの条件を変更する

このレッスンでは、メインループである［溶岩］ブロックの繰り返しに条件を設定して、ゲームオーバーになったときに処理が止まるようにプログラミングします。そのままでは生成された［溶岩］ブロックが残ってしまうので、［空気］ブロックを使ってすべて除去します。闘技場を繰り返し使えるようにしましょう。

レッスンで使う練習用ファイル
L53.mkcd

関連レッスン
| レッスン22 | 建物を建てる準備をしよう | P.82 |
| レッスン46 | ブロックの座標を変数にするには | P.160 |

キーワード
変数	P.216
ランダム	P.216
ワールド座標	P.216

Before: 闘技場の上のマグマの滝は、ゲームオーバー後も存在している

After: 空気ブロックを並べれば、ゲームオーバー時にすべて除去できる

1 ゲームオーバーの変数を「偽」にする

1 ［変数［変数］を［0］にする］をここに接続
2 ここをクリック
3 ［gameover］をクリック
4 レッスン52を参考に［偽］を組み込む

ヒント 変数は初期化して使う

プログラムの中で変数を使う場合は、必ず最初に初期化する必要があります。手順1ではチャットコマンド［start］を入力した直後のタイミングで変数［gameover］を初期化しています。対戦バトル開始時はゲームオーバーではないので、ここでは「偽」を値として指定しています。

2 メインループを変更する

1 [論理]カテゴリーをクリック
2 [[ ]ではない]をクリック

3 ここに組み込む

4 [gameover]を組み込む

ヒント | ゲームオーバー以外の条件で繰り返すように設定する

変数[gameover]が「真」になっただけでは、ゲームの処理は止まりません。手順2では[溶岩]ブロックをランダムに発生させる処理がゲームオーバーのタイミングで止まるように、[もし[真]ならくりかえし]ブロックの条件を変更します。[ではない]ブロックを使うと、ゲームオーバーではないときだけ繰り返すように条件を指定できます。

間違った場合は？

手順2の操作4で変数[gameover]を組み込むときに、操作3で組み込んだ[ではない]ブロックが押し出されてしまうことがあります。[ではない]ブロックが組み込まれていないとプログラムは動作しないので、必ず正しい順序で組み込むようにしましょう。

テクニック

ほかのブロックでも設定できる

手順2で設定した条件は、[論理]カテゴリーのほかのブロックを使って条件を指定できます。[[0][=][0]]ブロックを使うときは右側に[偽]ブロックを組み込んで、[[0][≠][0]]ブロックを使う場合は右側に[真]ブロックを組み込むと同じ条件になります。

[[gameover][=][偽]]も同じ意味になる

[[gameover][≠][真]]も同じ意味になる

次のページに続く

3 空気ブロックを並べる

1 レッスン22を参考に[ブロックを並べる]を接続

2 レッスン22を参考に[空気]ブロックに変更

間違った場合は？

手順3で[ブロックを並べる]ブロックを接続する位置は、ゲーム内時刻が夕方以降になり、[溶岩]をランダムに発生させるループ処理が停止した後になります。ゲーム内時刻でゲームオーバーを決定する条件分岐や、[溶岩]をランダムに発生させるループ処理の中に入れてしまうと正しく動作しないので注意しましょう。ブロックの左端がプログラムを開始する[チャットコマンド[start]を入力したとき]に隣接していることを確認してください。

4 座標を変数で指定する

1 レッスン46を参考に[ワールド[[x][-][20]][[y][+][31]][[z][-][20]]]と設定

2 レッスン46を参考に[ワールド[[x][+][20]][[y][+][45]][[z][+][20]]]と設定

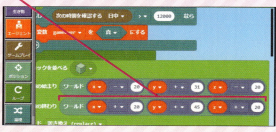

ヒント [空気]ブロックにもワールド座標と変数を使う

手順3で[空気]ブロックを並べる座標も、ほかの座標と同様にワールド座標と変数の組み合わせに変更します。このため手順3では[ブロックを並べる]ブロックに座標を入力しないまま作業を進めます。なお、[空気]ブロックは[溶岩]ブロックが発生した範囲に並べるため、[溶岩]ブロックに組み込んだワールド座標のブロックごと複製して使うと効率的です。

右クリックして[複製する]を選ぶ

第8章 友達と対戦バトルを楽しもう

> テクニック

ゲームの流れを確認しよう

プログラムを作るときは、まとまった動作を作った後に実行して、正しく動作するか確認することが重要です。ここまで作ったプログラムをチェックするために、「field」「start」とチャットコマンドで続けて実行し、下のような流れになっているかを確認しましょう。また、ゲームモードを [サバイバル] にしてコマンドを実行し、プレイヤーが死亡したときにゲームオーバーになるかも確認しておきましょう。

「field」コマンドを実行すると闘技場の準備が行われる

この時点では天候や時間は変化しない

「start」コマンドを実行すると、プレイヤーが闘技場にテレポートする

天候と時間が変更され、プレイヤーに武器が渡される

マグマが頭上から降り注ぐ

一部を除き、闘技場がマグマの滝に覆われる

時間の経過により太陽が移動し、空の色が変わる

夕方になるとゲームが終わる

マグマの滝が除去される

レッスン 54 ゲームモードを変更するには

アドベンチャーモード

マルチプレイ用のモードに変更する

レッスンで使う練習用ファイル
L54.mkcd

プレイヤー同士が対戦したときにお互いダメージを与えられるように、ワールド内にいる全員の難易度とゲームモードを変更します。このレッスンでは［ゲームプレイ］カテゴリーのブロックを使って、難易度を［ピースフル］に、ゲームモードを［アドベンチャー］に変更します。なお、マルチプレイでほかのユーザーをワールドに招待する方法は、188ページのテクニックを参照してください。

 関連レッスン
レッスン 56 ゲーム終了時の設定を関数でまとめるには ……… P.194

 キーワード
アドベンチャー	P.213
難易度	P.215
マルチプレイ	P.216

Before
別の場所に移動して、「field」コマンドと「start」コマンドを続けて実行する

After
ゲームモードが［アドベンチャー］に変わり、「満腹ゲージ」と「空腹ゲージ」が表示された

1 ［ゲームプレイ］のカテゴリーを表示する

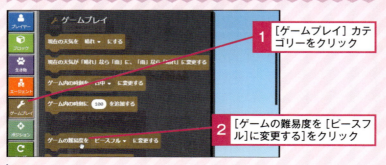

1 ［ゲームプレイ］カテゴリーをクリック

2 ［ゲームの難易度を［ピースフル］に変更する］をクリック

> **ヒント** 「ピースフル」は体力が自動で回復する
>
> ［ゲームの難易度を［ピースフル］に変更する］ブロックではゲームの難易度を変更できます。［ピースフル］とはワールド設定の［ピース］と同じで、モンスターが出現しないこと、プレイヤーの体力が自然に回復することなどの特徴があります。

第8章 友達と対戦バトルを楽しもう

2 難易度を変更する

画面をスクロールして[関数[doGameSetting]]を表示しておく

1 [ゲームの難易度を[ピースフル]に変更する]をここに接続

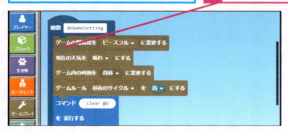

ヒント｜関数に追加するだけで動作する

ゲームモードを変更するブロックはレッスン50で作成した関数[doGameSetting]に追加します。このように、関数は内容を後から変更できます。
関数[doGameSetting]はゲームが始まったときの設定を決めるものなので、難易度やゲームモードもここに追加します。

3 ゲームモードを変更する

1 [ゲームモード[サバイバル]を[一番近いプレーヤー(@p)ターゲットに適用する]を接続

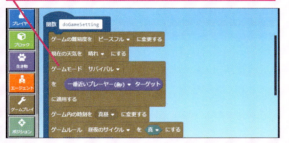

2 ここをクリック　**3** [アドベンチャー]をクリック

4 ここをクリック　**5** [全てのプレーヤー(@a)]をクリック

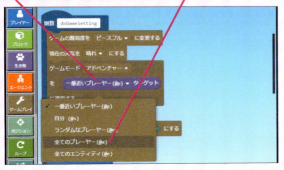

ヒント｜アドベンチャーモードとは

ゲームモード[アドベンチャー]は対戦バトルや脱出ゲームなどマインクラフトで独自のゲームを作るために設定されたもので、ワールドに一切の変更ができない設定になっています。[アドベンチャー]ではプレイヤーがブロックを置いたり、破壊したりすることはできません。そのほかの設定はゲームモード[サバイバル]と同じです。

間違った場合は？

ゲームモードや難易度を間違えると、プレイヤーの体力がすぐに減ってしまったり、ほかのプレイヤーが闘技場を壊してしまったりするなど、プログラムが意図した通りに動かない可能性があります。対戦バトルに参加するプレイヤー全員の設定が正しくそろうように注意しましょう。

テクニック

マルチプレイを実行するには

MakeCodeを実行できるのはWindows 10版だけですが、タブレットやスマートフォンで遊んでいるユーザーもそのワールドに招待できます。ほかのユーザーには下記の手順を参考に、Windows 10版のワールドに参加してもらいましょう。違うネットワークに接続している場合は、お互いがXboxLiveのアカウントでサインインしている必要があります。

● 同じネットワークに接続している場合

1 [LAN]ゲームを参照する

Windows 10の「MakeCode for Minecraft」とマインクラフトを先に実行しておく

マルチプレイに参加するプレイヤーのマインクラフトを後から起動する

1 [遊ぶ]をクリック

ワールドを選ぶタブが表示された

2 [フレンド]タブをクリック

同じネットワークでプレイしているプレイヤーが表示された

表示されていない場合は、次ページの手順を実行する

2 サーバーに接続する

1 ここをクリックして選択

2 もう一度クリック

サーバーへの接続画面が表示された

同じネットワークでプレイしているプレイヤーのワールドに参加できた

● 違うネットワークに接続している場合

1 [ゲームにフレンドを招待]の画面を表示する

「MakeCode for Minecraft」を実行しているパソコンで[Esc]キーを押してセーブ画面を表示しておく

1 [ゲームへ招待]をクリック

フレンドリストが表示された

2 [フレンドを追加]をクリック

2 プレイヤーを検索する

プレイヤーのアカウント画面が表示された

1 招待したいプレイヤーのゲーマータグを入力

2 ここをクリック

招待したいプレイヤーのアカウントが表示された

3 プレイヤーを招待する

プレイヤーのアカウント画面が表示された

1 [フレンドを追加]をクリック

フレンドに追加された

2 [招待]をクリック　**3** [ゲームに招待]をクリック

招待が完了したウィンドウが表示されるので[OK]をクリックして閉じる

4 招待に同意する

招待されたユーザーの画面にXbox Liveの告知が表示された

1 ここをクリック

[ゲームへの招待]ウィンドウが表示された

2 [同意する]をクリック

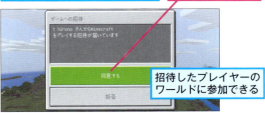

招待したプレイヤーのワールドに参加できる

54 アドベンチャーモード

レッスン 55 対戦を可能にするには

PvPモード

プレイヤー同士の戦闘を可能にする

MakeCodeが実行されているワールドに参加したプレイヤーは、レッスン46で設定したスポーン地点に現れます。対戦バトルの参加者が全員そろったら、プレイヤーと同じように闘技場の上にテレポートさせます。さらに、ゲームが終了したらプレイヤー同士が戦えないように設定します。

レッスンで使う練習用ファイル
L55.mkcd

関連レッスン
| レッスン 47 | プレイヤーを闘技場にテレポートさせるには ・・・・・・ P.164 |
| レッスン 56 | ゲーム終了時の設定を関数でまとめるには ・・・・・・・・・・ P.194 |

キーワード
PvP	P.213
エンティティ	P.213
スポーン	P.214

Before

対戦ゲームに参加するプレイヤーをワールドに招待しておく

After

闘技場の上にテレポートしたら、溶岩を避けながら対戦する

第8章 友達と対戦バトルを楽しもう

1 ブロックを選択する

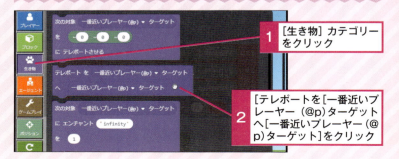

1 [生き物] カテゴリーをクリック

2 [テレポートを[一番近いプレーヤー (@p) ターゲット]へ[一番近いプレーヤー (@p) ターゲット]をクリック

> **ヒント 全プレイヤーを闘技場にテレポートさせる**
>
> レッスン47では[プレイヤー]カテゴリーの[現在の位置から[~ [0] ~ [0] ~ [0]]にテレポートする]ブロックでプレイヤー自身がテレポートしましたが、手順1で選択するブロックはほかのプレイヤーやエンティティをテレポートする役割があります。

2 全員を自分の座標にテレポートさせる

1 [テレポートを[一番近いプレーヤー（@p）ターゲットへ [一番近いプレーヤー（@p）ターゲット]をここに接続

2 ここをクリック

3 [全てのプレーヤー（@a）]をクリック

4 ここをクリック

5 [自分（@s）]をクリック

ヒント スタート時にワールドにいる全員が自分の座標に集まる

対戦バトルの開始時にはすべてのプレイヤーが同じ座標に集まるため、三人称視点で見ると全員が重なって見えます。それぞれの頭上に表示されたゲーマータグを参照して、自分のキャラクターを操作しましょう。

全員が向きを変えて重なる

ヒント 友達に検証を手伝ってもらおう

このレッスンで作成するプログラムは一人でプレイする場合、テレポートの結果が分かりにくくなっています。スマートフォンやタブレットでマインクラフトを楽しんでいるユーザーがいる場合は、188ページのテクニックを参考にワールドに参加してもらい、コードの検証を手伝ってもらいましょう。

次のページに続く

3 テレポート用のブロックを選ぶ

1 [生き物]カテゴリーをクリック

2 [次の対象[一番近いプレーヤー(@p)ターゲットを[~ [0] ~ [0] ~ [0]]にテレポートさせる]をクリック

3 ここに接続

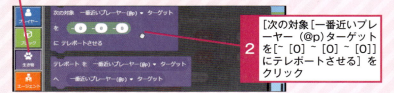

4 ゲーム終了時のテレポートを設定する

1 ここをクリック

2 [全てのプレーヤー(@a)]をクリック

3 レッスン46を参考に[ワールド [0] [0] [0]]を組み込む

4 [x] [y] [z]を組み込む

ヒント ゲームが終わったら初期地点にテレポートする

ゲームオーバーになったら、すべてのプレイヤーを闘技場の下にテレポートさせましょう。[次の対象[いちばん近いプレーヤー(@p)ターゲットを[~ [0] ~ [0] ~ [0]]にテレポートさせる]ブロックを使うと、すべてのプレイヤーを指定した座標にテレポートさせられます。ここでは変数[x][y][z]を指定して、初期スポーン地点にテレポートさせます。

間違った場合は？

手順4の操作3で[ワールド [0] [0] [0]]ブロックを使っていることに注意しましょう。手順3で選択したブロックには相対座標が組み込まれているため、そのまま使うと正しい場所にテレポートしません。全員生き埋めになってしまう可能性もあるので、必ずワールド座標を設定しておきましょう。

ヒント プレイヤー以外もテレポートさせられる

[次の対象[いちばん近いプレーヤー(@p)ターゲットを[~ [0] ~ [0] ~ [0]]にテレポートさせる]ブロックは、プレイヤー以外にもエンティティを指定した座標にテレポートできます。また、[生き物]カテゴリーの[動物]ブロックや[モンスター]ブロックを組み込むと、任意の動物やモンスターをプレイヤーのところに送れます。面白いプログラムが作れるので試してみましょう。

5 開始時の対戦設定を追加する

1 [ゲームプレイ] カテゴリーをクリック

2 [ゲームルール [PvP] を [偽] にする] ブロックをクリック

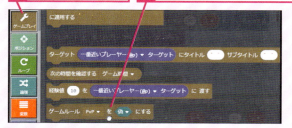

3 ここに接続

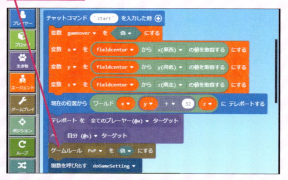

4 ここをクリック　**5** [真]をクリック

6 終了時の対戦設定を追加する

1 [ゲームルール[PvP]を[偽]にする] ブロックをここに接続

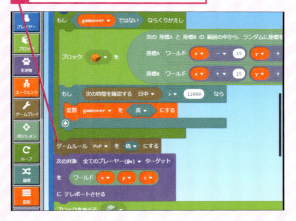

ヒント｜PvPとは

PvPとは「Player vs Player」の略で、プレイヤー同士が戦えるかどうかを決める設定です。マインクラフトではゲームの設定の[味方へのダメージ]または手順5のようなプログラムで変更できます。このプログラムでは闘技場で対戦バトルを行う間だけPvPを「真」に、それ以外では「偽」にしてプレイヤー同士の対戦を制限します。なお、ワールド作成時の初期設定では、PvPが「オン」になっています。

間違った場合は？

このレッスンではすでに完成したブロックの間に新しいブロックを接続しました。間違った場所に接続してしまった場合は、前後のブロックの順番も確認しながら正しい場所に接続し直しましょう。

55 PvPモード

ゲーム終了時の設定を関数でまとめるには

終了時の設定

ゲームモードを元に戻して整理する

レッスン50と同様に、バトル終了時の設定を関数でまとめましょう。バトル終了時にプレイヤー全員のゲームモードを［クリエイティブ］に指定してから、関数［doEndgame］を使ってまとめます。関数をまとめ終わったら、ほかのプレイヤーをワールドに招待して闘技場を作るコマンドから試してみましょう。問題なく動作したら、ゲームは完成です。

レッスンで使う練習用ファイル
L56.mkcd

関連レッスン

| レッスン50 | ゲームの設定を関数にするには ……… P.172 |
| レッスン54 | ゲームモードを変更するには ………… P.186 |

キーワード

関数	P.213
クリエイティブ	P.213
ゲームモード	P.214

対戦バトルがスタートすると、参加者全員にアドベンチャーモードが適用される

バトルが終了した際に初期地点に全員をテレポートさせ、クリエイティブモードに戻す

1 終了時のゲームモードを変更する

スクロールして［チャットコマンド［start］］ブロック群の下の方を表示しておく

レッスン54を参考に［ゲームモード［サバイバル］］を［一番近いプレーヤー（@p）ターゲットに適用する］を接続

ヒント ［start］ブロック群の最後に追加する

［チャットコマンド［start］］を入力した時］ブロック群の後半は、ゲームオーバーの設定がまとまっています。手順1で追加するブロックは、［溶岩］ブロックを繰り返し発生させるループよりも下に接続しましょう。

2 クリエイティブモードに変更する

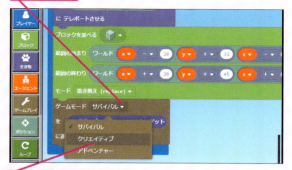

1 ここをクリック
2 [クリエイティブ] をクリック
3 ここをクリック
4 [全てのプレーヤー（@a）] をクリック

> **ヒント　全員にクリエイティブモードを適用する**
>
> マインクラフトではプレイヤーごとにゲームモードを設定でき、同じワールド内で混在できます。対戦バトルが終わった後は全員をゲームモード［クリエイティブ］に設定したいので、手順2の操作4で［全てのプレーヤー（@a）］を指定します。

3 新しい関数を作成する

レッスン39を参考に、[新たに作成する関数の名前:]ウィンドウを表示しておく

1 「doEndgame」と入力
2 [OK] をクリック

> **ヒント　終了時の設定を関数にまとめる**
>
> このレッスンではゲームオーバーの設定を関数［doEndgame］としてまとめます。プログラム全体ではゲームの初期設定を行う関数［doGameSetting］、ゲームの中核となる繰り返し処理、ゲーム終了後の設定を整える［doEndgame］の3つで構成されていることを覚えておきましょう。

次のページに続く

できる 195

4 終了時のブロックをまとめる

[関数 [doEndgame]] をここに移動しておく

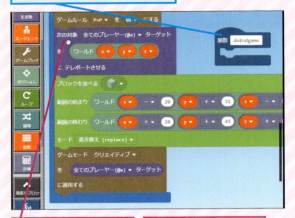

1 ここをクリックしてドラッグ
2 ドラッグしてここに接続

ヒント｜関数にまとめる範囲に気を付けよう

関数 [doEndgame] には [ゲームルール [PvP] を [偽] にする] を含めないことに注意しましょう。PvPの設定は対戦バトル全体に影響を与えますが、ほかのブロックと同様に [真] にする設定を [doGameSetting] に、[偽] にする [doEndgame] に分けて格納してしまうと、どのタイミングでPvPの設定が変わるのか分かりにくくなります。ここではメインループの [もし [[gameover] ではない] ならくりかえし] の上下に接続して、[真] の後にメインループが開始し、終了したら [偽] に変わることを確認しやすくしています。

間違った場合は？

終了時の設定を関数にまとめたら、忘れずに [関数を呼び出す] ブロックを接続しておきましょう。[関数を呼び出す [doEndgame]] は [チャットコマンド [start] を入力した時] ブロック群の一番下に接続します。

5 関数を呼び出すブロックを接続する

1 レッスン40を参考に [関数を呼び出す [doEndgame]] をここに接続

ヒント｜ブロックの配置を最終確認しよう

プログラムが完成したら、ブロックの配置を手順5でもう一度確認します。条件分岐や繰り返しに指定している条件や、変数の数値などに間違いがないか1つずつ確認しましょう。203ページのコード一覧を参考に、間違った場所があったら修正しておきましょう。

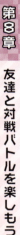

テクニック

対戦バトルのルールを確認しよう

対戦バトルに参加するプレイヤーをワールドに集め、チャットコマンド［field］［start］を実行してゲームを開始しましょう。プレイヤーが死亡した場合と、生き延びて夕方になった場合の両方を試して、ゲームオーバーまで問題なく動作するか確認します。ほかの参加者もルールを覚えたら、全員で遊んでみましょう。

プレイヤーが［start］コマンドを入力すると、ワールドにいる全員が闘技場に移動する

全員の持ち物が消去されて［木の剣］と［ダイヤモンドの胸当て］が渡される

プレイヤー同士の戦闘が可能となる

ダメージは自動的に回復する

体力ゲージがなくなるか、闘技場から転落するとプレイヤーが死ぬ

［MakeCode］を実行しているプレイヤー以外は、［復活］をクリックすると闘技場の下の初期地点に復活する

［MakeCode］を実行しているプレイヤーが死ぬか、夕方になるとゲームオーバーとなる

全員が闘技場の下の初期地点にテレポートする

全員にクリエイティブモードが適用される

この章のまとめ

闘技場の大きさや装備を変えてみよう

この章で作成した対戦バトルのプログラムは、バトルの最初と最後の設定を関数にしています。関数にまとめることでプログラムが整理され、設定の変更なども簡単にできるようになります。闘技場の大きさを変えたり、モンスターを出現させたりするなどして、オリジナルの対戦バトルを作ってみましょう。

なお、この章ではプレイヤー同士が戦うためにマルチプレイを実行しましたが、ほかのプレイヤーと協力して巨大な建造物を作ったり、役割を分担して資材を集めたりするなど、マインクラフトの世界を広げる楽しみ方もできます。エージェントのプログラムとプレイヤーのプログラムを別々に実行し、ほかのプレイヤーには資源の採掘を手伝ってもらい、地上ではプレイヤーと建造物を作るといったこともできます。MakeCodeを使いこなして、ぜひマインクラフトの楽しみ方を広げていってください。

対戦バトルのルールをアレンジしよう

闘技場の大きさや高さを変えてゲームをアレンジしてみよう。溶岩ブロックの代わりにスポーンエッグも使ってみよう

練習問題

 1

闘技場を繰り返し使えるようにしましょう。

> **ヒント**
> 変数「fieldexist」を追加して、[field] コマンドを実行した後に「真」にします。[start] コマンドには [もし [真] なら] ブロックを追加して [fieldexist] を組み込みます。

答えは次のページ

A 1

レッスン16を参考に[作成する変数の名前:]ウィンドウを表示しておく

1 「fieldexist」と入力

レッスン52で作成したゲームオーバーの設定と同様に、変数を「フラグ」として使います。闘技場を作るプログラムで変数[fieldexist]を「真」にして、ゲームを設定するプログラムで条件分岐に使います。

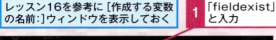

2 [OK]をクリック

スクロールして[チャットコマンド[field]を入力した時]ブロック群を表示しておく

3 [変数[変数]を[0]にする]を接続
4 ここをクリック
5 [fieldexist]をクリック

6 レッスン52を参考に[真]を組み込む

スクロールして[チャットコマンド[start]を入力した時]ブロック群を表示しておく

7 [もし[真]なら]を接続

8 [fieldexist]を組み込む

付録1 マインクラフトとMakeCodeの疑問に答えるQ&A

ここではマインクラフトとMakeCodeに関する素朴な疑問のほか、各種サービスを利用する方法を解説します。マインクラフトやMakeCodeの楽しみを広げる方法をQ&A形式で紹介しているので、ぜひ試してみてください。

Q1 マインクラフトのWindows 10版はどうすれば買えるの？

A1 [Microsoft Store]の画面で[購入]ボタンをクリックしましょう

Windows 10にはマインクラフトの体験版がインストールされています。[スタート]メニューから[Minecraft for Windows 10]をクリックし、[Microsoft Store]の画面で[購入]ボタンをクリックして購入しましょう。購入にはMicrosoftアカウントが必要になります。支払いはクレジットカードやPayPal、ギフトコードが使えますが、利用するMicrosoftアカウントに支払い情報が登録されていないときは登録が必要です。なお、Xbox liveにサインインしている場合は、マインクラフトのスタート画面で[完全版を購入]をクリックしましょう。

クレジットカードやPayPalなどで購入できる

Q2 Xbox liveにサインインする方法を教えて！

A2 Microsoftアカウントを使うと便利です

Xbox liveにサインインすると、違うネットワーク上にいるプレイヤーとマルチプレイを楽しんだり、プレイヤーの達成度を記録する「実績の解除」ができたりします。20ページで紹介しているマインクラフトのスタート画面で[サインイン]ボタンをクリックし、Microsoftアカウントの作成画面を表示しましょう。メールアドレスを入力して[次へ]ボタンをクリックし、生年月日など必要事項を正しく入力すると、ゲーマータグとアイコンが自動的に割り振られます。ゲーマータグはほかのプレイヤーと重複していなければ、好きなものに変更できます。

初めてサインインしたときは、ゲーマータグが自動で割り振られる

できる 201

Q3 ゲーマータグは後から変更できるの？

A3 1回だけ無料で変更できます

ゲーマータグは決定した後、最初の1回だけ無料で変更できます。Xbox liveにサインインしてプロフィールを表示し、[カスタマイズ]をクリックして変更しましょう。ゲーマーアイコンや自己紹介などは自由に変更できます。

Q4 プロジェクトの公開方法を教えて

A4 URLを取得して公開できます

MakeCodeで作ったプロジェクトは、SNSやホームページでURLを公開できます。25ページを参考に画面上部の[共有]ボタンをクリックして[プロジェクトを公開]をクリックし、公開用のURLを取得しましょう。プロジェクトを公開すると、ほかのユーザーと共有して内容を編集できます。MakeCodeのホーム画面で[プロジェクトを読み込む]ボタンをクリックし、[URLからインポート]をクリックしましょう。

プロジェクトを共同で編集できるようになる

Q5 コスチュームやRealmはどこで買えるの？

A5 スタート画面の[ストア]をクリックしましょう

プレイヤーやワールドの見ためを変更するコスチュームや、友達と同じワールドでプレイできるRealmはマインクラフトの[ストア]で購入できます。スタート画面で[ストア]ボタンをクリックして購入画面を表示しましょう。購入にはゲーム内通貨の「Minecoin」が必要です。Minecoinは[ストア]の中だけで使える通貨で、320枚を230円から購入できます。購入にはMicrosoftアカウントが必要です。

ミニゲームが入ったワールドなども購入できる

付録 2 コード一覧

本書で紹介したプロジェクトのコードを掲載します。プログラムがうまく動かなかった場合は、こちらを参考にしてください。

≫ 第2章　丸石で階段を作ろう

≫ 第3章　エージェントに掘削させよう

できる 203

第4章　効率良くマイニングしよう

```
チャットコマンド "come" を入力した時 ⊕
  エージェントを自分の位置にもどす

チャットコマンド "move" を入力した時 ⊕
  エージェントを 前▼ に 1 ブロック移動させる

チャットコマンド "turn" を入力した時 ⊕
  エージェントの向きを 左▼ に変える
```

```
チャットコマンド "mine" を入力した時 num1▼ ⊕
  エージェントの設定を追加  3. 動きながら壊す▼  真▼
  くりかえし 4 回
    変数 mcount▼ を 0 にする
    くりかえし num1▼ 回
      エージェントを 上▼ に 2 ブロック移動させる
      変数 mcount▼ を 1 だけ増やす
      もし    mcount▼  =▼  num1▼    なら
        エージェントに 右▼ へ 置かせる
        変数 mcount▼ を 0 にする
      ⊕
    エージェントを 前▼ に 1 ブロック移動させる
    エージェントを 下▼ に 2 ブロック移動させる

    エージェントの向きを 左▼ に変える
```

第5章　ピラミッドを作ろう

```
チャットコマンド "pyramid" を入力した時 ⊕
  変数 ブロックの高さ▼ を 3 にする
  変数 ピラミッドの長さ▼ を 4 にする
  変数 ピラミッドの高さ▼ を ピラミッドの長さ▼ にする
  くりかえし ピラミッドの高さ▼ 回
    ブロックを並べる 🧊▼
    範囲の始まり ~ 0 - ピラミッドの長さ▼  ~ ブロックの高さ▼  ~ 0 - ピラミッドの長さ▼
    範囲の終わり ~ ピラミッドの長さ▼  ~ ブロックの高さ▼  ~ ピラミッドの長さ▼
    モード 置き換え (replace)▼
    変数 ブロックの高さ▼ を 1 だけ増やす
    変数 ピラミッドの長さ▼ を -1 だけ増やす
```

204 できる

第6章　養鶏場を作ってタマゴを収穫しよう

第7章　畑を作って農作物を育てよう

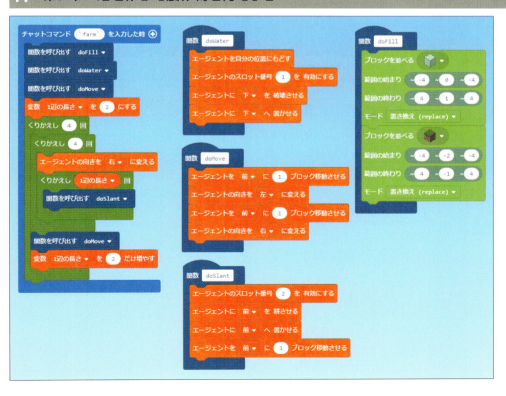

第8章　友達と対戦バトルを楽しもう

チャットコマンド "field" を入力した時 ⊕
コマンド "setworldspawn ~ ~ ~"
を 実行する
変数 fieldcentor ▼ を プレイヤーの位置 の ワールド座標 にする
変数 x ▼ を fieldcentor ▼ から x(東西) ▼ の値を取得する にする
変数 y ▼ を fieldcentor ▼ から y(高低) ▼ の値を取得する にする
変数 z ▼ を fieldcentor ▼ から z(南北) ▼ の値を取得する にする
ブロックを並べる ▼
範囲の始まり ワールド x ▼ − ▼ 21 y ▼ − ▼ 1 z ▼ − ▼ 21
範囲の終わり ワールド x ▼ + ▼ 21 y ▼ + ▼ 1 z ▼ + ▼ 21
モード 置き換え (replace) ▼
ブロックを並べる ▼
範囲の始まり ワールド x ▼ − ▼ 21 y ▼ + ▼ 3 z ▼ − ▼ 21
範囲の終わり ワールド x ▼ + ▼ 21 y ▼ + ▼ 0 z ▼ + ▼ 21
モード 置き換え (replace) ▼
ブロックを並べる ▼
範囲の始まり ワールド x ▼ − ▼ 20 y ▼ + ▼ 30 z ▼ − ▼ 20
範囲の終わり ワールド x ▼ + ▼ 20 y ▼ + ▼ 30 z ▼ + ▼ 20
モード 置き換え (replace) ▼
文字を描く "BATTLE AREA"
次のブロックで ▼
描き始める場所 ワールド x ▼ + ▼ 35 y ▼ + ▼ 42 z ▼ + ▼ 32
描く方向 西 (xのマイナス方向) ▼

```
チャットコマンド「start」を入力した時 ⊕
  変数 gameover ▾ を 偽 ▾ にする
  変数 x ▾ を fieldcentor ▾ から x(東西) ▾ の値を取得する にする
  変数 y ▾ を fieldcentor ▾ から y(高低) ▾ の値を取得する にする
  変数 z ▾ を fieldcentor ▾ から z(南北) ▾ の値を取得する にする
  現在の位置から ワールド x ▾ y ▾ + 32 z ▾ に テレポートする
  テレポート を 全てのプレーヤー(@a) ▾ ターゲット
  へ 自分(@s) ▾ ターゲット
  ゲームルール PvP ▾ を 偽 ▾ にする
  関数を呼び出す doGameSetting ▾
  ゲームルール PvP ▾ を 真 ▾ にする
  もし gameover ▾ ではない ならくりかえし
      次の 座標A と 座標B の 範囲の中から、ランダムに座標を選ぶ
      ブロック を 座標A ワールド x ▾ - 15 y ▾ + 32 z ▾ - 15
                 座標B ワールド x ▾ + 15 y ▾ + 45 z ▾ + 15  の地点に置く
      もし 次の時間を確認する 日中 ▾ > ▾ 12000 なら
          変数 gameover ▾ を 真 ▾ にする
      ⊕
  ゲームルール PvP ▾ を 偽 ▾ にする
  関数を呼び出す doEndgame ▾
```

```
関数 doGameSetting
  ゲームの難易度を ピースフル ▾ に変更する
  現在の天気を 晴れ ▾ にする
  ゲームモード アドベンチャー ▾
  を 全てのプレーヤー(@a) ▾ ターゲット
  に適用する
  ゲーム内の時刻を 真昼 ▾ に変更する
  ゲームルール 昼夜のサイクル ▾ を 真 ▾ にする
  コマンド「clear @a」
  を 実行する
  次の対象 全てのプレーヤー(@a) ▾ ターゲット
  に アイテム ▾
  を 1
  つ 渡す
  次の対象 全てのプレーヤー(@a) ▾ ターゲット
  に アイテム ▾
  を 1
  つ 渡す
```

```
プレイヤーが死んだ時
  変数 gameover ▾ を 真 ▾ にする
```

```
関数 doEndgame
  次の対象 全てのプレーヤー(@a) ▾ ターゲット
  を ワールド x ▾ y ▾ z ▾
  に テレポートさせる
  ブロックを並べる ▾
  範囲の始まり ワールド x ▾ - 20 y ▾ + 31 z ▾ - 20
  範囲の終わり ワールド x ▾ + 20 y ▾ + 45 z ▾ + 20
  モード 置き換え (replace) ▾
  ゲームモード クリエイティブ ▾
  を 全てのプレーヤー(@a) ▾ ターゲット
  に適用する
```

付録 3 ブロック一覧

MakeCodeのプルダウンメニューから選択できるブロックの正式名称を掲載します。目的のブロックを検索したいときなどに参考にしましょう。

	草ブロック		空気		石		花崗岩
	磨かれた花崗岩		閃緑岩		磨かれた閃緑岩		安山岩
	磨かれた安山岩		土		荒れた土		丸石
	樫の木材		トウヒの木材		樺の木材		ジャングルの木の木材
	アカシアの木材		黒樫の木材		樫の苗木		トウヒの苗木
	樺の苗木		ジャングルの苗木		アカシアの苗木		黒樫の苗木
	岩盤		水		溶岩		砂
	赤砂		砂利		金鉱石		鉄鉱石
	石炭鉱石		樫の木		トウヒの木		樺の木
	ジャングルの木		樫の葉		トウヒの葉		樺の葉
	ジャングルの木の葉		スポンジ		ぬれたスポンジ		ガラス
	ラピスラズリ鉱石		ラピスラズリのブロック		発射装置		砂岩
	模様入り砂岩		なめらかな砂岩		音ブロック		ベッド
	加速レール		感知レール		吸着ピストン		クモの巣
	草		シダ		枯れ木		ピストン
	白のウール		オレンジのウール		赤紫のウール		空色のウール
	黄色のウール		黄緑のウール		ピンクのウール		灰色のウール
	薄灰色のウール		水色のウール		紫のウール		青のウール

茶色のウール		緑のウール	赤のウール	黒のウール
タンポポ		ポピー	ヒスイラン	アリウム
ヒナソウ		赤のチューリップ	オレンジのチューリップ	白のチューリップ
ピンクのチューリップ		フランスギク	キノコ	キノコ
金のブロック		鉄のブロック	二段重ねの石ハーフブロック	石ハーフブロック
砂岩ハーフブロック		丸石ハーフブロック	レンガハーフブロック	石レンガハーフブロック
クォーツのハーフブロック		暗黒レンガのハーフブロック	レンガ	TNT 火薬
本棚		苔石	黒曜石	たいまつ
火		モンスタースポーナー	樫の階段	チェスト
レッドストーンの粉		ダイヤモンド鉱石	ダイヤモンドのブロック	作業台
作物		農地	かまど	看板
はしご		レール	丸石の階段	レバー
石の感圧板		木製の感圧板	レッドストーン鉱石	レッドストーンのたいまつ
ボタン		積雪	氷	雪
サボテン		粘土	サトウキビ	ジュークボックス
樫の木の柵		トウヒの木の柵	樺の木の柵	ジャングルの木の柵
アカシアの木の柵		黒樫の木の柵	カボチャ	暗黒石
ソウルサンド		グロウストーン	ジャック・オ・ランタン	ケーキ
無通電のリピーター		木のトラップドア	シルバーフィッシュ入りの石	シルバーフィッシュ入りの丸石
シルバーフィッシュ入り石レンガ		シルバーフィッシュの苔の生えた石レンガ	ひび割れた石レンガモンスターエッグ	模様入り石レンガモンスターエッグ
石レンガ		苔の生えた石レンガ	ひび割れた石レンガ	模様入り石レンガ

	キノコ		キノコ		キノコ		キノコ
	鉄格子		ガラス板		スイカ		カボチャの茎
	メロンの茎		つた		樫の木の柵のゲート		レンガ階段
	石レンガ階段		菌糸		スイレンの葉		ネザーレンガ
	暗黒レンガの柵		暗黒レンガ階段		ネザーウォート		エンチャントテーブル
	調合台		大釜		エンドポータル		エンドストーン
	ドラゴンの卵		レッドストーンランプ		ドロッパー		アクティベーターレール
	ココア		砂岩の階段		エメラルド鉱石		エンダーチェスト
	トリップワイヤーフック		トリップワイヤー		エメラルドのブロック		トウヒの階段
	樺の階段		ジャングルの木の階段		ビーコン		丸石の壁
	苔の生えた丸石の壁		植木鉢		ニンジン		ジャガイモ
	ボタン		ガイコツの頭		金床		少し壊れた金床
	かなり壊れた金床		トラップチェスト		重量感知板（軽）		重量感知板（重）
	無通電のコンパレーター		日照センサー		レッドストーンのブロック		闇のクォーツ鉱石
	ホッパー		クォーツのブロック		模様入りクォーツのブロック		柱状のクォーツのブロック
	クォーツの階段		二段重ねの木材ハーフブロック		樫のハーフブロック		トウヒのハーフブロック
	樺のハーフブロック		ジャングルの木のハーフブロック		アカシアの木のハーフブロック		黒樫の木のハーフブロック
	白の色付き粘土		オレンジの色付き粘土		赤紫の色付き粘土		空色の色付き粘土
	黄色の色付き粘土		黄緑の色付き粘土		ピンクの色付き粘土		灰色の色付き粘土
	薄灰色の色付き粘土		水色の色付き粘土		紫の色付き粘土		青の色付き粘土
	茶色の色付き粘土		緑の色付き粘土		赤の色付き粘土		黒の色付き粘土

白のステンドグラス窓	オレンジのステンドグラス窓	赤紫のステンドグラス窓	空色のステンドグラス窓
黄色のステンドグラス窓	黄緑のステンドグラス窓	ピンクのステンドグラス窓	灰色のステンドグラス窓
薄灰色のステンドグラス窓	水色のステンドグラス窓	紫のステンドグラス窓	青のステンドグラス窓
茶色のステンドグラス窓	緑のステンドグラス窓	赤のステンドグラス窓	黒のステンドグラス窓
アカシアの葉	黒樫の木の葉	アカシアの原木	黒樫の木
アカシアの木の階段	黒樫の木の階段	スライムブロック	鉄のトラップドア
海晶ブロック	暗海晶ブロック	海晶レンガ	海のランタン
干し草の俵	白のカーペット	オレンジのカーペット	赤紫のカーペット
空色のカーペット	黄色のカーペット	黄緑のカーペット	ピンクのカーペット
灰色のカーペット	薄灰色のカーペット	水色のカーペット	紫のカーペット
青のカーペット	茶色のカーペット	緑のカーペット	赤のカーペット
黒のカーペット	色付き粘土	石炭のブロック	氷塊
ヒマワリ	ライラック	背の高い草	大きなシダ
バラの低木	ボタン	赤砂岩	模様入りの赤砂岩
滑らかな赤砂岩	赤砂岩の階段	二段重ねの赤い砂岩ハーフブロック	赤砂岩のハーフブロック
プルプァのハーフブロック	トウヒの木の柵のゲート	樺の木の柵のゲート	ジャングルの木の柵のゲート
黒樫の木の柵のゲート	アカシアの木の柵のゲート	草の道	フレーム
コーラスの花	プルプァブロック	プルプァの柱	プルプァの階段
シュルカーボックス	エンドストーンレンガ	果てのロッド	マグマブロック
ネザーウォートブロック	赤いネザーレンガ	骨ブロック	白のシュルカーボックス
オレンジのシュルカーボックス	赤紫のシュルカーボックス	空色のシュルカーボックス	黄色のシュルカーボックス

できる 211

	黄緑のシュルカーボックス		ピンクのシュルカーボックス		灰色のシュルカーボックス		薄灰色のシュルカーボックス
	水色のシュルカーボックス		紫のシュルカーボックス		青のシュルカーボックス		茶色のシュルカーボックス
	緑のシュルカーボックス		赤のシュルカーボックス		黒のシュルカーボックス		紫の彩釉テラコッタ
	白の彩釉テラコッタ		オレンジの彩釉テラコッタ		赤紫の彩釉テラコッタ		空色の彩釉テラコッタ
	黄色の彩釉テラコッタ		黄緑の彩釉テラコッタ		ピンクの彩釉テラコッタ		灰色の彩釉テラコッタ
	薄灰色の彩釉テラコッタ		水色の彩釉テラコッタ		青の彩釉テラコッタ		茶色の彩釉テラコッタ
	緑の彩釉テラコッタ		赤の彩釉テラコッタ		黒の彩釉テラコッタ		白のコンクリート
	オレンジのコンクリート		赤紫のコンクリート		空色のコンクリート		黄色のコンクリート
	黄緑のコンクリート		ピンクのコンクリート		灰色のコンクリート		薄灰色のコンクリート
	水色のコンクリート		紫のコンクリート		青のコンクリート		茶色のコンクリート
	緑のコンクリート		赤のコンクリート		黒のコンクリート		白のコンクリートパウダー
	オレンジのコンクリートパウダー		赤紫のコンクリートパウダー		空色のコンクリートパウダー		黄色のコンクリートパウダー
	黄緑のコンクリートパウダー		ピンクのコンクリートパウダー		灰色のコンクリートパウダー		薄灰色のコンクリートパウダー
	水色のコンクリートパウダー		紫のコンクリートパウダー		青のコンクリートパウダー		茶色のコンクリートパウダー
	緑のコンクリートパウダー		赤のコンクリートパウダー		黒のコンクリートパウダー		コーラスプラント
	白のステンドグラス		オレンジのステンドグラス		赤紫のステンドグラス		空色のステンドグラス
	黄色のステンドグラス		黄緑のステンドグラス		ピンクのステンドグラス		灰色のステンドグラス
	薄灰色のステンドグラス		水色のステンドグラス		紫のステンドグラス		青のステンドグラス
	茶色のステンドグラス		緑のステンドグラス		赤のステンドグラス		黒のステンドグラス
	ポドゾル		ビートルート		ストーンカッター		観察者
	ストラクチャーブロック						

用語集

本書を読む上で、知っておくと役に立つキーワードを用語集にまとめました。この用語集の中で関連するほかの用語がある項目には→が付いています。併せて読むことで、初めて目にする専門用語でもすぐに理解できます。ぜひご活用ください。

● JavaScript

MakeCode で利用できるプログラミング言語の1つ。ブロックプログラムから変換でき、より詳細なプログラムを作成できる。　　　　　　　　→ブロックプログラミング

[プログラムをJavaScriptに変換する。] をクリックするとJavaScriptで表示できる

● MakeCode

マイクロソフトが提供しているプログラミング学習用の環境。ブロックプログラミングと JavaScript でプログラムを作成できる。小型マイコンボードの micro:bit などでも利用できる。　→ JavaScript、ブロックプログラミング

● Microsoft アカウント

Windows や XBox Live にサインインするためのアカウントのこと。Windows 10 版マインクラフトの購入や、実績の解除、違うネットワーク間でのマルチプレイなどの際に必要となる。　　　　　　　　　　→マルチプレイ

● PvP

Player Versus Player の略称でプレイヤー同士の戦闘を指す。マインクラフトでは、標準の状態で PvP が有効になっているがコマンドやプログラムでプレイヤー同士の戦闘を禁止できる。　　　　　　　　　　　→コマンド

● アドベンチャー

マインクラフトのゲームモードの1つ。サバイバルモードと同様に、体力や満腹度の設定がある。ブロックの構築や破壊といったワールドへの変更はできない。
→ゲームモード、サバイバル、ワールド

● エージェント

Code Connection に接続したマインクラフトに登場するキャラクター。MakeCode などを使ってプログラムを作成して操作する。　　　　　　　　　　→ MakeCode

● エンティティ

破壊や構築以外の操作で位置が変わってしまうブロックのこと。プレイヤーや動物など自身が動くブロック、トロッコやボートなど操作によって動くブロック、チェストや剣、ツルハシなどの道具もエンティティとして扱われる。　　　　　　　　→ブロック（マインクラフト）

● カテゴリー

MakeCode のプログラミングエリア右側に表示されているブロック一覧のこと。プログラミングに必要なブロックはカテゴリーごとに分類されて格納されている。
→ MakeCode、プログラミングエリア、
ブロック（MakeCode）

● 関数

一連の動作をするプログラムを、1つにまとめた箱のようなもの。MakeCode の関数はプログラムを実行した結果（戻り値）を返せないので、一般的な関数とは動作がやや異なる。　　　　　　　　　　→ MakeCode

● クリエイティブ

マインクラフトのゲームモードの1つ。建造物や世界を構築するためのモードで、プレイヤーがダメージを受けたり空腹になったりすることがなく、ほぼすべての資源を無限に使える。　　　→アドベンチャー、ゲームモード

● 繰り返し処理

ひとまとめにした動作を繰り返す処理のこと。ループとも呼ぶ。MakeCode では［ループ］カテゴリーのブロックを使ってプログラミングする。
→ MakeCode、カテゴリー

● クロスプラットフォーム

ゲームやアプリなどを複数のハードウェアに対応させること。マインクラフトはパソコン、スマートフォン、タブレット、家庭用ゲーム機などのプラットフォームに対応している。

● ゲーム内の時刻

マインクラフトのワールドには時間の概念があり、現実の時間と同じように推移する。ゲーム内の時刻はワールドの時刻を指す値のことで、マインクラフトでは 20 分（24000ティック）が1日に当たる。　　→ティック、ワールド

● ゲームモード
マインクラフトのゲーム内容を決定する設定のこと。ワールドを新しく作成するときは［サバイバル］［クリエイティブ］のいずれかを指定し、ワールドを作成した後は［アドベンチャー］も選べる。ゲームモードはセーブ画面の［設定］のほか、コマンドやプログラムを使って変更できる。
→アドベンチャー、クリエイティブ、コマンド、サバイバル、ワールド

● コード
プログラミング言語で書かれた内容のこと。ソースやソースコードと呼ばれることもある。

● コマンド
マインクラフトのチャットに入力する専用のコマンドのこと。チャットウィンドウに「/」を入力してから使う。MakeCodeで作ったプログラムからも実行できる。
→MakeCode、チャットウィンドウ

● サバイバル
マインクラフトのゲームモードの1つ。ワールド内でプレイヤーが自由に生活するためのモードで、資材を採掘したりアイテムを作ったりしながら、活動の場を広げていく。
→アドベンチャー、ゲームモード、ワールド

● 座標
空間のある1点を示す値のこと。マインクラフトの座標はx、y、zの三次元で、xが東西、yが高低、zが南北における位置を表している。プレイヤーを基準にした相対座標と、ワールド内のある1点を示す絶対座標（ワールド座標）がある。　→相対座標、ワールド、ワールド座標

● 算術演算
「＋」「－」などの算術演算子を使った計算のこと。四則演算のほかに「べき乗」などがある。

● 条件分岐
プログラミングで、ある条件になったときに別の動作を実行させること。MakeCodeでは［ループ］カテゴリーの［もし［真］なら］などのブロックを使って作成する。
→MakeCode、繰り返し処理、真偽、ブロック（MakeCode）

● 初期化
変数の値をリセットすること。変数を使ったプログラムの場合、変数が利用される前に適切な値を与えて初期化しておく必要がある。
→変数

● 真偽
プログラミングでの真偽は「条件に合致するかどうか」を意味する。条件が合っているときは「真（True）」、条件が合っていないときは「偽（False）」になる。

● スポーン
プレイヤーや動物、モンスターなどが生まれること。プレイヤーは死亡すると最初に出現した場所に再生する。マインクラフトのコマンドを使うと、スポーンする地点を自由に設定できる。　→コマンド

● スポーンエッグ
モンスターや動物などを出現させるタマゴのこと。ゲームモードが［クリエイティブ］のときのみ使える。動物やモンスターのほか、村人もスポーンできる。なお、難易度が［ピース］の場合はモンスターはスポーンしない。
→クリエイティブ、ゲームモード、スポーン、難易度

動物やモンスターなどを好きなだけスポーンできる

● スロット
プレイヤーやエージェントが1種類のアイテムを格納できる場所のこと。持ち物スロットやアイテムスロットとも呼ばれる。1つのスロットに入るアイテムの数は決まっている。

● 相対座標
プレイヤーの位置を基準にした座標のこと。x軸（東西）、y軸（高低）、z軸（南北）の3つの値でプレイヤーから何ブロック離れているかを表す。　→座標

● チート
チート（cheat）とは、「ズル」や「だます」という意味。ゲームにおいては設定やゲームの動作を変える行為を指す。マインクラフトでは、チートを有効にしないとチャットコマンドを入力できない。　→チャットコマンド

● チャットウィンドウ
ほかのプレイヤーにテキストメッセージを送信するウインドウのこと。マインクラフトのコマンドや、プログラムを実行できる。　　　　　　　　　　　　　　→コマンド

● チャットコマンド
MakeCodeと組み合わせて使うコマンドのこと。[プレイヤー]カテゴリーの[チャットコマンド["jump"]を入力した時]ブロックなどを使った際に、チャットウィンドウで「/」を付けずにコマンドを入力する。
　　　　　　→MakeCode、カテゴリー、コマンド、
　　　　　　　　　　　　　　チャットウィンドウ

MakeCodeでプログラミングしたコマンドを「/」なしで入力する

● 昼夜のサイクル
ワールドの[世界のオプション]で選択できる設定。有効になっていると現実の世界のように昼夜が繰り返される。無効にすると、昼間のまま時間が経過しなくなる。
　　　　　　　　　　　　　　　　　　→ワールド

● ティック
時間を表す最小単位で、マインクラフトの1日は24000ティック(約20分)。1ティック経過するごとに、モンスターの出現や移動、植物の生長などが判断され、それに応じてワールド内が変化する。　　　　→ワールド

● テレポート
プレイヤーや動物などを別の場所に瞬時に移動させること。マインクラフトのコマンドやプログラムを使うと、対象を任意の場所に移動できる。　　　　→コマンド

● 天気
マインクラフトの世界には晴れ、雨、雷雨などの天気がある。雷雨のときは暗くなるため、昼間でもまれにモンスターが出現する。また、落雷によってブタがゾンビピッグマンに変化するといった影響がある。

● ドロップ
ブロックを破壊したり、モンスターを倒したりしたときに、入手可能なブロックやアイテムが出現すること。一度に複数出現する場合もある。

● 難易度
マインクラフトのゲーム設定の1つ。簡単な順に[ピース][イージー][ノーマル][ハード]の4つが用意されていて、[ピース]では体力が自動回復するほか、モンスターが出現しない。難易度はコマンドやプログラムから変更できる。
　　　　　　　　　　　　　→コマンド、サバイバル

[ピース]なら、サバイバルモードでも生き延びられる確率が高い

● 二重ループ
繰り返しの中に繰り返しが含まれる処理のこと。入れ子(ネスト)と呼ばれることもある。プログラミングで使われる処理方法の1つ。

● パラメーター
プログラムやコマンドが受け取る値のこと。MakeCodeでは[プレイヤー]カテゴリーの[チャットコマンド"jump"を入力した時]ブロックなどにパラメーターの機能を追加できる。　→MakeCode、カテゴリー、コマンド、
　　　　　　　　　　　　　　チャットコマンド

● 比較演算
2つの値を比較する計算方法のこと。比較の結果は「真」または「偽」になる。比較演算子には「>」「<」「>」「=」「<=」「=」「≠」などがある。

● フラグ
フラグ(flag)は旗のこと。プログラムで変数の値が「真」または「偽」になったときに動作の内容を切り替える場合、変数を旗に見立てて「フラグ」と呼ぶ。
　　　　　　　　　　　　　　→変数、条件分岐

● プログラミングエリア
MakeCodeでプログラミングをするときに、ブロックを配置する領域のこと。左右上下にスクロールが可能で、拡大表示や縮小表示もできる。
　　　　　　　→MakeCode、ブロック(MakeCode)

● プロジェクト
プログラムに必要な要素をまとめて管理する単位のこと。MakeCodeではプログラミングを始めるごとに新しいプロジェクトが作成される。　　　　　　　→MakeCode

● ブロック（MakeCode）
プログラミングの最小単位。例外はあるが、ほとんどのブロックは1つの機能だけを持つ。ブロックパレットにカテゴリーごとに格納されており、プログラムを開始するためのもの、条件判断や繰り返しのためのもの、特定の動作や設定を変更するものなどがある。
　　　　　　　　　　→カテゴリー、ブロックパレット

● ブロック（マインクラフト）
マインクラフトのワールドを構成する最小単位。［土］や［石］など地形を構成するもの、［水］や［溶岩］など流体のもの、［チェスト］など特定の目的を持つものなどがある。一般的なブロックは立方体で、一辺は約1メートルと定義されている。　　　　　　　　　　→ワールド

● ブロックパレット
プログラミング用のブロックが格納されている領域のこと。プログラミングの際には、ブロックパレットのブロックをプログラミングエリアにドラッグする。
　　　　　　　　→プログラミングエリア、ブロックパレット

● ブロックプログラミング
ブロックを組み合わせてプログラミングをする手法、またはプログラミング言語のことを指す。処理の流れが理解しやすく、構文ミスなどが少ないため、初めてプログラミングを学ぶための教材として使われることが多い。

● 変数
さまざまな値を出し入れできる入れ物のようなもの。計算結果を入れておき、条件分岐を実行させるなど用途が広い。プログラミングになくてはならない要素で、数学の変数とは意味が異なる。　　　　　　　　→条件分岐

● マルチプレイ
1つのゲームを複数人で同時にプレイすること。マインクラフトは同じネットワーク上にいるプレイヤーのほか、インターネットを経由したマルチプレイもサポートしている。　　　　　　　　　　　　　　　→マルチプレイ

マルチプレイではプレイヤー同士が戦ったり、協力して冒険を進められたりする

● 持ち物
プレイヤーやエージェントがアイテムやブロックを持つための領域のこと。プレイヤー、エージェントともに36スロット分のアイテムを持てる。インベントリーと呼ばれることもある。
　　　　　　　　→エージェント、ブロック（マインクラフト）

● モブ
モブ（mob）は「群衆」といった意味で、ゲーム内ではプレイヤー以外の生き物のことを指す。

● ランダム
決まった範囲の数値の中から、無作為に1つの数値だけを取り出すこと。乱数または一様乱数とも呼ばれる。

● ワールド
マインクラフトにおけるゲーム内の世界のこと。

● ワールド座標
絶対座標のこと。相対座標とは異なり、ワールド内の特定の1点を指す。マインクラフトでは「~」が付かない数値として表される。　　　　→座標、相対座標、ワールド

MakeCodeブロック索引

生き物

[動物] [˜ [0] ˜ [0] ˜ [0]] に出現させる ………… 106
次の対象 [一番近いプレーヤー（@p)]
　　ターゲットに　を [1] つ渡す …………… 169
次の対象 [一番近いプレーヤー（@p)] ターゲットを
˜ [0] ˜ [0] ˜ [0] にテレポートさせる ………… 192
テレポートを [一番近いプレーヤー（@p)] ターゲットへ
[一番近いプレーヤー（@p)] ターゲット ………… 190

エージェント

エージェントに [アイテム] を回収させる ……… 116
エージェントに [後ろ] へ置かせる ……… 38, 53, 133
エージェントを自分の位置にもどす
　　　　　　　　　　　　 29, 110, 127, 130
エージェントのスロット番号 [1] を有効にする …… 129
エージェントの設定を追加 [1. 動きながら置く] [偽]
　　　　　　　　　　　　　　　　　　　 65
エージェントにどんな [ブロック] か、
[前] を確認させる ……………………… 112
エージェントに [前] を破壊させる ………… 49
エージェントを [前] に [1] ブロック移動させる
　　　　　　　　　　　 35, 47, 130, 133
エージェントの向きを [左] に変える ……… 47

関数

関数を作成する ……………………… 134
関数を呼び出す [　] …………………… 140

計算

[0] [-] [0] …………………………… 93, 161
ランダムな数字を選択：[0] から [10] まで …… 115

ゲームプレイ

ゲーム内の時刻を [日中] に変更する ……… 167
ゲームの難易度を [ピースフル] に変更する …… 186
ゲームルール [PvP] を [偽] にする …… 167, 193
現在の天気を [晴れ] にする …………… 166
次の時間を確認する [ゲーム時間] ……… 180

プレイヤー

コマンド ["say Hi!"] を実行する ………… 163
現在の位置から ˜ [0] ˜ [0] ˜ [0] に
テレポートする ……………………… 164
チャットコマンド ["jump"] を入力した時 … 34, 76
プレイヤーが死んだ時 ………………… 179
プレイヤーの位置 ……………………… 158

ブロック

アイテム ……………………………… 170
ブロックを [˜ [0] ˜ [0] ˜ [0]] の地点に置く … 174
ブロックを並べる …………………… 83, 90, 104

文字を描く …………………………… 155

変数

[num1] ……………………………… 76, 97
[変数] ……………………………… 58, 156, 183
変数 [変数] を [0] にする …… 55, 120, 157, 179
変数 [変数] を [1] だけ増やす …………… 55
変数を追加する ………………………… 54

ポジション

[position] から [x（東西）] の値を取得する …… 159
[position] のワールド座標 ……………… 157
次の座標 A と座標 B の範囲の中から、
ランダムに座標を選ぶ …………… 108, 175
ワールド [0] [0] [0] ………………… 160

ループ

一時停止（ミリ秒）[100] ……………… 177
くりかえし [4] 回 ……………… 40, 68, 95
もし [真] ならくりかえし ………… 113, 177

論理

[0] [=] [0] ……………… 57, 111, 115
[真] ……………………………… 179, 183
[　] ではない ………………………… 183
もし [真] なら ………………… 56, 180
もし [真] なら　でなければ …………… 110

用語索引

数字・アルファベット

Code Connection ……………………… 18, 22
　MakeCode ………………………… 22, 24
　Windows セキュリティの重要な警告 ………… 22
　インストール …………………………… 19
　起動 ……………………………………… 22
JavaScript …………………………… 213
MakeCode …………………… 22, 24, 213
　エージェント …………………………… 28
　新しいプロジェクト ………………… 24, 64
　拡大表示 ……………………………… 25, 138
　カテゴリー …………………………… 25, 29
　共有 …………………………………… 25
　縮小表示 ……………………………… 25, 138
　その他 ………………………………… 25, 26
　プログラミングエリア …………… 25, 29, 55, 137
　ブロックパレット ……………… 25, 29, 135
　ブロックプログラミング ……………… 24
　ホーム ………………………………… 25
　保存 …………………………………… 25, 26

できる **217**

マイプロジェクト	24
元に戻す	25, 72, 88, 180
Microsoft アカウント	213
MOD	18
ADD-ONS	18
PvP	193, 213

あ行

アイテム	32, 53
回収	116
[木の剣]	170
検索	117, 170
削除	33
サバイバル	53, 129
[ダイヤモンドの胸当て]	171
[種]	128
ドロップ	49, 83
[水バケツ]	128
[持ち物]	32, 121
アドベンチャー	49, 186, 213
アイテム	49
ブロック	187
生き物	
家畜	107
出現させる	106
エージェント	28, 213
アイテムを回収させる	116
大きさ	31
スロット	33, 128, 132
設定を追加	65
ドロップ	49
範囲外	35
向き	47, 130
[持ち物]	32, 121, 132
ロボットコンピューティング	34
エンティティ	169, 213

か行

拡大表示	25, 138
カテゴリー	25, 29, 213
[生き物]	106, 169, 190, 192
[エージェント]	25, 29, 35, 38, 48, 65, 112, 116, 133
[関数]	134, 140
[計算]	93, 115
[ゲームプレイ]	166, 180, 186, 193
[高度なブロック]	134

[プレイヤー]	34, 158, 163, 165, 179
[ブロック]	83, 112, 155, 170, 174
[変数]	54, 58, 77
[ポジション]	108, 157, 160, 175
[ループ]	40, 113, 177
[論理]	56, 111, 179, 180, 183
関数	134, 213
繰り返し処理	142
作成する	134, 172, 195
二重ループ	142
複製	135
変更	147, 187
呼び出す	140
クリエイティブ	17, 21, 39, 195, 213
アイテム	32, 49
繰り返し処理	40, 213
回数	41
関数	142
二重ループ	68
変数	94
クロスプラットフォーム	16, 213
ゲーム時間	180
ゲーム内の時刻	167, 213
ゲームモード	16, 20, 214
アドベンチャー	49, 186
クリエイティブ	17
サバイバル	16
設定	20
変更	187
コード	214
コマンド	214
消去	168
スポーン地点を変更	163
テレポート	85, 165

さ行

サバイバル	16, 214
アイテム	53, 129
スロット	146
座標	84, 214
変数	91, 156
算術演算	93, 214
算術記号	93
条件分岐	56, 70, 110, 114, 214
真	56
変数	56, 70
初期化	55, 71, 214
チャットコマンド	55

真偽	120, 214
スポーン	52, 153, 163, 214
家畜	107
［たいまつ］	52, 73
プレイヤー	163
スポーンエッグ	106, 214
スロット	32, 214
エージェント	53, 121
スロット番号	33, 129
プレイヤー	171
相対座標	85, 214

た行

［たいまつ］	52
設置	74
照らせる距離	73
湧きつぶし	52
チート	21, 214
チートの実行	21, 23
チャットウィンドウ	23, 30, 215
コマンド	23
チートの実行	23
表示	30
チャットコマンド	21, 215
Code Connection	21
初期化	55
入力	28, 52
パラメーター	76
昼夜のサイクル	167, 215
ティック	167, 215
テレポート	85, 164, 190, 215
コマンド	85
天気	167, 215
トラップタワー	154
ドロップ	49, 215
置き換え	83
家畜	107
ゲームモード	49

な行

難易度	215
ピース	106
ピースフル	186
二重ループ	68, 142, 215
関数	142

は行

パラメーター	76, 97, 215
削除	77
すべてのプレイヤー	168
チャットコマンド	76
変数	76
比較演算	93, 215
比較演算子	57, 181
フラグ	179, 215
プレイヤー	16
PvP	193
コスチューム	17
座標	84, 158
スポーン地点を変更	163
高さ	31
チート	21
テレポート	192
［持ち物］	32, 168
プログラミングエリア	25, 138, 215
縮小表示	138
プログラムを整形する	137
プロジェクト	26, 216
プロジェクトの設定	26
プロジェクトを削除する	26
変数	70
保存	26
ブロック（MakeCode）	216
ブロック（マインクラフト）	82, 216
［海のランタン］	152
［樫の木の柵］	104
［空気］	83, 105, 127, 153, 182
［草ブロック］	102, 127
［グロウストーン］	155
［砂岩］	87
［砂利］	59, 74
［砂］	59, 74
［丸石］	32, 74, 154
［水］	59, 175
［溶岩］	59, 175
ブロックパレット	25, 216
閉じる	29
ブロックプログラミング	24, 91, 216
変数	54, 216
position	157
エラー	158
繰り返し処理	94, 120, 145
作成する	54, 119, 156, 178

座標	91, 156
条件分岐	56, 70
初期化	55, 59
初期値	145
チャットコマンド	118
名前を変更	55
パラメーター	76
増やす	55, 146
負の値	92
フラグ	179
プロジェクト	70

ま行

マインクラフト	16
classic	16
クリエイティブ	17, 20
コスチューム	17
コマンド	163
サバイバル	16, 65
サンドボックス	17
ジ・エンド	16
実績	21
ストア	17
チート	21
[常に昼間]	21
デフォルトゲームモード	21
ワールド	20
マルチプレイ	16, 188, 216
参加	188
招待	189
持ち物	32, 132, 171, 216
エージェント	32, 121, 132
サバイバル	53
プレイヤー	32, 168
モブ	216
モンスター	
スポーン	52, 153

ら行

ランダム	216
数字	115
座標	108, 175
ロボットコンピューティング	34

わ行

ワールド	20, 216
PvP	193
アドベンチャー	187
クリエイティブ	17
ゲーム時間	180
ゲーム内の時刻	167
サバイバル	16
設定	166
地下	51
作る	20
デフォルトゲームモード	21
難易度	186
マルチプレイ	16, 188
ワールド座標	84
ワールド座標	84, 157, 216
固定	156
相対座標	160
変数	159, 160

本書を読み終えた方へ
できるシリーズのご案内

※1：当社調べ ※2：大手書店チェーン調べ

プログラミング、ゲーム関連書籍

できるキッズ 子どもと学ぶ Scratch プログラミング入門

竹林 暁・澤田千代子＆できるシリーズ編集部
定価：本体1,880円＋税

キーボードに不慣れな子どもにも簡単に操作できるScratch（スクラッチ）の使い方を解説。ゲームを作りながらプログラミングを学べる。

できるキッズ 子どもと学ぶ ビスケット プログラミング入門

合同会社デジタルポケット　原田康徳・渡辺勇士・井上愉可里＆できるシリーズ編集部
定価：本体1,800円＋税

スマートフォンやタブレットで使える無料アプリ「ビスケット」で、4歳から簡単にプログラミングが学べる。子どもにも読みやすいふりがな付き！

できる マインクラフト建築 パーフェクトブック 困った！＆便利ワザ大全

パソコン/iPhone/Android/PS4/PS3/PS Vita/Xbox One/Xbox 360/Wii U 対応

てんやわんや街長＆できるシリーズ編集部
定価：本体1,850円＋税

人気ブログ「マインクラフトてんやわんや開拓記」のてんやわんや街長が、必ず役立つ家＆街づくり、こだわりの内装のワザを大公開！

できる てんやわんや街長直伝！ レッドストーン回路 パーフェクトブック 困った！＆便利ワザ大全

てんやわんや街長＆できるシリーズ編集部
定価：本体1,680円＋税

人気ブログ「マインクラフトてんやわんや開拓記」のてんやわんや街長が、必ず役立つレッドストーン回路づくり、回路を生かした建築のワザを紹介！

パソコン初心者おすすめ書籍

できる Windows 10 改訂3版

法林岳之・一ヶ谷兼乃・清水理史＆できるシリーズ編集部
定価：本体1,000円＋税

パソコンの基本操作はもちろん、スマートフォンと連携する便利な使い方も分かる！ 紙面の操作を動画で見られるので、初めてでも安心。

できる Windows 10 パーフェクトブック 困った！＆便利ワザ大全 改訂3版

広野忠敏＆できるシリーズ編集部
定価：本体1,480円＋税

基本操作もWindows 10の最新機能も解説。初心者から上級者まで、長く使えて頼りになる圧倒的ボリュームの解説書。

できる ホームページ・ビルダー 21

広野忠敏＆できるシリーズ編集部
定価：本体1,500円＋税

ホームページ・ビルダー SPの基礎はもちろん、イメージデザイナーを使った画像編集から、スマホ専用ページの編集までマスター！

読者アンケートにご協力ください！
https://book.impress.co.jp/books/1117101116

このたびは「できるシリーズ」をご購入いただき、ありがとうございます。
本書はWebサイトにおいて皆さまのご意見・ご感想を承っております。
気になったことやお気に召さなかった点、役に立った点など、
皆さまからのご意見・ご感想をお聞かせいただき、
今後の商品企画・制作に生かしていきたいと考えています。
お手数ですが以下の方法で読者アンケートにご回答ください。
ご協力いただいた方には抽選で毎月プレゼントをお送りします！

※プレゼントの内容については、「CLUB Impress」のWebサイト
（https://book.impress.co.jp/）をご確認ください。

ご意見・ご感想をお聞かせください！

❶URLを入力して Enter キーを押す

❷[アンケートに答える]をクリック

※Webサイトのデザインやレイアウトは変更になる場合があります。

◆会員登録がお済みの方
会員IDと会員パスワードを入力して、[ログインする]をクリックする

◆会員登録をされていない方
[こちら]をクリックして会員規約に同意してからメールアドレスや希望のパスワードを入力し、登録確認メールのURLをクリックする

本書のご感想をぜひお寄せください　　https://book.impress.co.jp/books/1117101116

「アンケートに答える」をクリックしてアンケートにご協力ください。アンケート回答者の中から、抽選で**商品券（1万円分）**や**図書カード（1,000円分）**などを毎月プレゼント。当選は賞品の発送をもって代えさせていただきます。はじめての方は、「CLUB Impress」へご登録（無料）いただく必要があります。

アンケートやレビューでプレゼントが当たる！

■著者
広野忠敏（ひろの　ただとし）

1962年新潟県新潟市生まれ。千葉県船橋市在住。三度のメシよりも天体観測とビリヤードが好きなプログラマー＆テクニカルライター。コンピューターやインターネットに関する記事を多数執筆。主な著書は『できるホームページ・ビルダー21』『できるAccess 2016 Windows 10/8.1/7対応』『できるVisual Studio 2015 Windows/Android/iOSアプリ対応』『できる Windows 10 パーフェクトブック 困った！＆便利ワザ大全　改訂3版』（以上、インプレス）など多数。

STAFF

シリーズロゴデザイン	山岡デザイン事務所<yamaoka@mail.yama.co.jp>
カバーデザイン	株式会社ドリームデザイン
本文デザイン	金岡直樹（SLOW inc.）
DTP制作	町田有美・田中麻衣子
編集協力	進藤　寛
デザイン制作室	今津幸弘<imazu@impress.co.jp>
	鈴木　薫<suzu-kao@impress.co.jp>
制作担当デスク	柏倉真理子<kasiwa-m@impress.co.jp>
編集	荻上　徹<ogiue@impress.co.jp>
編集長	大塚雷太<raita@impress.co.jp>

本書に掲載された情報および操作方法は、2018年3月時点での情報をもとに構成しています。また、本書の発行後に各サービスやアプリが変更されたり、提供が廃止されたりすることがあります。紹介しているサービスやアプリの使用法は用途の一例であり、すべてのサービスやアプリが本書の手順と同様に動作することを保証するものではありません。

本書の内容に関するご質問については、該当するページや質問の内容をインプレスブックスのお問い合わせフォームより入力してください。電話やFAXなどのご質問には対応しておりません。なお、インプレスブックス(https://book.impress.co.jp/)では、本書を含めインプレスの出版物に関するサポート情報などを提供しております。そちらもご覧ください。

本書発行後に仕様が変更されたソフトウェアやサービスの内容などに関するご質問にはお答えできない場合があります。該当書籍の奥付に記載されている初版発行日から3年が経過した場合、もしくは該当書籍で紹介している製品やサービスについて提供会社によるサポートが終了した場合は、ご質問にお答えしかねる場合があります。また、以下のご質問にはお答えできませんのでご了承ください。
　　・書籍に掲載している手順以外のご質問
　　・ソフトウェア、サービス自体の不具合に関するご質問
本書の利用によって生じる直接的または間接的被害について、著者ならびに弊社では一切の責任を負いかねます。あらかじめご了承ください。

■商品に関する問い合わせ先
インプレスブックスのお問い合わせフォーム
https://book.impress.co.jp/info/
上記フォームがご利用いただけない場合のメールでの問い合わせ先
info@impress.co.jp

■落丁・乱丁本などの問い合わせ先
TEL 03-6837-5016　FAX 03-6837-5023
service@impress.co.jp
受付時間　10:00～12:00 ／ 13:00～17:30
　　　　　（土日・祝祭日を除く）
●古書店で購入されたものについてはお取り替えできません。

■書店／販売店の窓口
株式会社インプレス 受注センター
TEL　048-449-8040　FAX　048-449-8041

株式会社インプレス 出版営業部
TEL　03-6837-4635

できる パソコンで楽しむ マインクラフト プログラミング入門
Microsoft MakeCode for Minecraft対応

2018年4月11日　初版発行

著　者　広野忠敏 & できるシリーズ編集部

発行人　土田米一

編集人　高橋隆志

発行所　株式会社インプレス
　　　　〒101-0051　東京都千代田区神田神保町一丁目105番地
　　　　ホームページ　https://book.impress.co.jp/

本書は著作権法上の保護を受けています。本書の一部あるいは全部について（ソフトウェア及びプログラムを含む）、株式会社インプレスから文書による許諾を得ずに、いかなる方法においても無断で複写、複製することは禁じられています。

Copyright © 2018 Tadatoshi Hirono and Impress Corporation. All rights reserved.

印刷所　株式会社廣済堂
ISBN978-4-295-00351-9 C2076

Printed in Japan